"十三五" 职

职业教育电子商务专业 系列教材

网络客户服务综合实训

（第2版）

主　编／詹益生

副主编／王　菲　伍慧嘉

参　编／（排名不分先后）

温李芳　罗　静　李慧霞　苏伟丽

重庆大学出版社

内容提要

本书立足电子商务客户服务工作的实际岗位需求，从电子商务企业文化认识入手，着眼于电子商务客户服务基本技能的培养，详细介绍了售前的店铺推广与客户接待、售中的订单处理、售后的评价处理与客户维护的电子商务客户服务全过程。通过电子商务企业项目—任务—活动的设计，促使学生在完成实际项目任务活动的过程中，理解企业文化的深刻内涵；掌握常用的店铺推广工具与推广手段，擦亮店铺名片；掌握客户接待的方法与技巧，促成交易；熟练处理订单信息，周到地服务客户；摆正心态，平和面对，妥善处理纠纷与中差评；在售前、售中、售后各环节中熟练应用各种客户关系管理工具及方法对客户进行管理和维护，从而为店铺的可持续发展做好铺垫。

本书可作为职业院校电子商务及其相关专业的教材，也可供从事电子商务的相关人员参考使用。

图书在版编目（CIP）数据

网络客户服务综合实训 / 詹益生主编. -- 2版. --
重庆：重庆大学出版社，2022.12
职业教育电子商务专业系列教材
ISBN 978-7-5689-0976-1

Ⅰ.①网… Ⅱ.①詹… Ⅲ.①电子商务 — 商业服务
—职业教育 — 教材 Ⅳ.①F713.36

中国版本图书馆CIP数据核字（2022）第021093号

职业教育电子商务专业系列教材

网络客户服务综合实训
WANGLUO KEHU FUWU ZONGHE SHIXUN
（第2版）

主　编　詹益生
副主编　王　菲　伍慧嘉
策划编辑：王海琼

责任编辑：姜　凤　　版式设计：王海琼
责任校对：邹　忌　　责任印制：赵　晟

*

重庆大学出版社出版发行
出版人：饶帮华
社址：重庆市沙坪坝区大学城西路 21 号
邮编：401331
电话：（023）88617190　88617185（中小学）
传真：（023）88617186　88617166
网址：http://www.cqup.com.cn
邮箱：fxk@cqup.com.cn（营销中心）
全国新华书店经销
重庆俊蒲印务有限公司印刷

*

开本：787mm×1092mm　1/16　印张：9　字数：226 千
2018 年 2 月第 1 版　2022 年 12 月第 2 版　2022 年 12 月第 5 次印刷
印数：12 001—15 000
ISBN 978-7-5689-0976-1　定价：39.00元

编写人员名单

主　编　詹益生（广东省对外贸易职业技术学校）

副主编　王　菲（珠海市第一中等职业学校）

　　　　　伍慧嘉（广州市财经商贸职业学校）

参　编　（排名不分先后）

　　　　　温李芳（广州市财经商贸职业学校）

　　　　　罗　静（珠海市第一中等职业学校）

　　　　　李慧霞（广州市财经商贸职业学校）

　　　　　苏伟丽（佛山市顺德区陈村职业技术学校）

▌▌▌▌ 前 言（第2版）

    本书第1版于2018年出版，至今已有4年多的时间，经全国各地广大读者使用后，受到好评。在此期间收到不少读者和教师的邮件，他们提出了宝贵的意见和建议，为此对第1版教材进行了修订。

    近几年电子商务发展迅猛，平台规则日新月异，特别是新思维、新技术、新平台的涌现，对电子商务人才培养提出了更新、更高、更全面的要求。为了让广大读者了解电子商务发展的最新趋势，我们调整了以下内容：

    1.本次修订系统地更新了电子商务发展的实时数据与最新案例，紧跟电子商务行业发展趋势；修改并完善了各个任务活动设计与实施步骤，更加贴近电子商务专业课堂教育教学的实际情况。

    2.本次修订的各个项目内容较多，包括项目1中介绍的不同客服岗位职责、工作内容后组建团队；项目2中订阅推广、利用微信推广宣传店铺；项目4中计算快递价格；项目5中网络营销的新模式，微信、微博的新营销推广功能；项目6中客户的精准营销等。

    3.本次修订调整了编写团队。本书由詹益生担任主编，统筹编写；由王菲、伍慧嘉担任副主编，协助完成审稿和配套教学资源的整合。其中，项目1由苏伟丽编写，项目2由李慧霞编写，项目3由王菲、罗静编写，项目4由詹益生编写，项目5由温李芳编写，项目6由伍慧嘉编写。

    本书的配套资源可在重庆大学出版社的资源网站（www.cqup.com.cn，用户名和密码：cqup）上下载。

    本书在修订过程中吸收了近几年来广大教师和学生的反馈信息，进一步提高了教材的实用性和前瞻性，得到了广州阿隆索智能科技有限公司曾俊经理和广州未来一手网络科技有限公司林壁森经理对大纲的修订和编写过程的多次指导，在此一并表示感谢。本书在编写过程中引用了大量的网络资源，这些网络资源包括淘宝网、天猫网、京东商城、微信平台、美团、百度百科、中国新闻网、新浪网、腾讯网等。

    由于编者水平有限，书中疏漏之处在所难免，恳请广大师生及读者批评指正。

编 者

2022年1月

本书是"十三五"职业教育国家规划教材。

随着国内电子商务的迅速发展，国内市场营销环境由"产品经济"向"服务经济"和"体验经济"转变，企业间的竞争焦点放在了对客户的争夺上，企业越来越重视客户服务工作，越来越期望拥有高素质的客户服务人员，为客户提供高质量的服务。当今企业对客户服务人员的需求超过了以往任何时期，从智联招聘每年发布的人才报告可以看出，互联网和电子商务行业的人才需求量大，尤其是网络客服人员。网络客户服务技能广泛应用于电子商务活动中的各个岗位，包括前台接待、业务代表、呼叫中心、售后服务、客户关系维护等所有与客户直接打交道的岗位。这些岗位的目标都是不断地致力于改善客户服务水平，让客户满意。

为了满足企业对网络客户服务人才的迫切需要，本书根据教育部关于"培养具有综合职业能力，在生产、服务、技术和管理第一线工作的高素质劳动者和中初级专门人才"的培养目标，基于社会对职业学校学生的基本要求和人才培养目标考虑编写而成，在编写时突出了实践性教学，在思考、学、做、评价的基础上构建新的认识，提升对知识的理解。

本书在编写时力求突出以下特色：

1.打破传统的理论递进编写体系，直接以实际项目、生产任务为出发点，突出了教学过程的实践性和职业性理念。

2.体现了以应用为目的，以"必需、够用"为度，按照学生的实际情况，以学生为主体确定理论内容，加强实践性教学环节，融入足够的实训内容，保证对学生实践能力的培养，体现"能适应生产、建设、服务和管理第一线需要的德、智、体、美、劳全面发展的高素质技能型专门人才"的培养要求。

3.注重与现代经济的发展相结合、与行业企业相结合，为提升学生的可持续发展能力奠定良好的基础。

全书内容从电子商务客服工作的实际需要出发，从客户服务基本技能入手，介绍了营造企业文化氛围、店铺推广、接待客户、处理订单、处理评价、维护客户6个部分组成的完整电子商务客户服务的全过程。每个过程又设计了若干个任务，每个任务有2~4个活动，每个活动包括活动背景、活动实施、实训、活动小结等，实现了层次有序、学做结合。

本书由广东省对外贸易职业技术学校詹益生担任主编；珠海市第一中等职业学校王菲、汕头市澄海职业技术学校王少炳担任副主编。其中，项目1由邵淑仪、温李芳编写，项目2由李洁芳编写，项目3由王菲、罗静编写，项目4由詹益生编写，项目5由温李芳编写，项目6由叶小办编写。

本书配有电子课件、电子教案、习题答案、试卷等供教师参考，需要者可在重庆大学出版社的资源网站（www.cqup.com.cn，用户名和密码：cqup）上下载。

本书在编写过程中浏览了许多相关网站，参考了大量的相关文献资料，并得到了许多电子商务企业的大力支持，在此表示衷心的感谢。

由于编者学识有限，书中难免存在疏漏及不足之处，敬请广大读者批评指正，以便今后进一步修改和完善。

编　者

2017年3月

目
录

项目3 接待客户

‖‖‖ 项目4 处理订单

‖‖‖ 项目5 处理评价

项目 1
营造企业文化氛围

项目综述

企业文化又称为组织文化，集中反映一个组织的价值观、信念、仪式、符号、处世方式等，对企业的生存和发展都起着非常重要的作用。因此，营造良好的企业文化氛围将对企业有健康积极的影响。围绕企业文化的营造，本项目包括组建客服团队、熟悉产品特性、制订客服交接制度3个任务。

项目目标

通过本项目的学习，应达到的具体目标如下：

知识目标

◇知道电子商务客服团队的组成及组建流程；
◇知道产品特性；
◇了解客服轮班制度及交接制度。

技能目标

◇能根据企业需要组建客服团队；
◇能制作产品手册，并根据客户的提问回答关于产品的相关问题；
◇能熟练掌握轮班表及交接指引和流程的制作；
◇培养学生制订客服交接制度的能力。

素质目标

◇培养诚信的客户服务意识，养成换位思考的同理心；
◇培养客服人员正确、积极、合作、乐观的阳光心态；
◇培养客服人员较强的抗挫折能力；
◇培养客服人员助力乡村振兴的信念。

▣ 项目思维导图

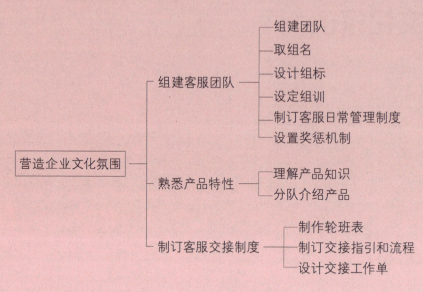

▶▶▶▶▶▶ 任务1
组建客服团队

情境设计

四川大凉山的苹果已经到了采摘季, 昙花一现的冰糖心苹果再不采摘便将烂于枝头。凉山州的果农们正焦头烂额地寻找销路。专注于种植的果农们几乎没接触过线上销售平台, 对开店流程、店铺运营以及客户服务等流程一无所知。学校的电子商务专业负责人Q老师得知情况后便组织学生开设网店、装修店铺、网店运营以及客服培训等工作, 希望能帮助大凉山的果农们打通销售渠道, 将滞销的冰糖心苹果通过线上平台售卖出去。为了顺利完成店铺客服任务, 在电子商务客服课上, 师生讨论组建客服团队。

任务分解

本任务可分解为组建团队、取组名、设计组标、设定组训、制订客服日常管理制度和设置奖惩机制6个活动。

任务实施

活动1 组建团队

活动背景

选择完成项目任务所需要的合适人选是组建客服团队的第一步,也是保障项目任务如期按质按量完成的前提与基础。为了圆满完成大凉山助农项目的客服任务,Q老师向同学们介绍了不同的客服岗位职责、工作内容后,有过企业实践经历的实习客服陈欣(本书涉及人物名称均为化名)同学开始组建客服团队。

活动实施

Q老师向同学们详细介绍了不同的客服岗位职责、工作内容,具体内容见表1.1.1。

表1.1.1 不同的客服岗位职责、工作内容

客服岗位	岗位职责、工作内容
客服经理	1.设定销售目标:为每个店铺设定销售目标。 2.制订考评规则:对客服人员的绩效进行考核。 3.制订奖惩机制:制订完善、明确、可行的奖惩机制,从而保障服务质量,获得更高的效益。
客服主管	1.制订工作方案:根据店铺销售目标制订店铺客服的工作方案和计划。 2.落实奖惩机制:将制订的奖惩机制落实到位,激发上进心,树立正确的荣辱观。 3.管理客户资料:整理、分析客户反馈的意见,建立客户档案,并根据结果做适当的工作调整。 4.处理客户投诉:协助处理店铺投诉,避免店铺损失。 5.完成销售目标:推动店铺客服团队业绩增长,完成店铺销售目标。
客服小组组长	1.跟进情况:根据客服主管制订的工作方案和计划,跟进各位成员的完成情况。 2.工作汇报:整理每日、周、月的销售业绩,定期或不定期向客服主管汇报本小组的工作,及时反馈问题,寻求主管的协助。 3.协调工作:协调小组成员的工作冲突,保证工作开展顺利。 4.制订管理制度:规范明确的日常管理制度,落实客服责任,令团队人员有据可依,主管有法可执。 5.团队建设:组织小组成员为小组取组名、设计组标、设定组训。
客服售前专员	1.熟悉产品:熟悉商品详细信息,掌握商品专业知识。 2.接待客户:让对方正确理解商品信息,耐心专业地解答客户提出的各种问题,达成交易。 3.推荐商品:挖掘并分析客户需求,为客户提供专业导购意见。 4.处理异议:解决争议,打消客户疑虑,建立信任。 5.促成订单:灵活地催客户付款,催客户下单。 6.后台操作:包括交易管理、物流管理、宝贝管理及客户服务等操作。

续表

客服岗位	岗位职责、工作内容
客服售后专员	1.维护客户关系：与达成交易的客户建立联系，积极推送店铺优惠信息，促进再次销售。 2.客户回访：定期或不定期对客户进行回访，登记客户反馈的信息。 3.评价管理：在评价管理中，对好评、中差评进行评价解释。 4.处理售后：善于解决售后问题，掌握退货规则。

　　陈欣在了解了不同客服岗位的职责、工作内容后，根据以往企业实践的经历，制订了如图1.1.1所示的客服团队组织结构图，并根据此图在电子商务专业二年级的学生中挑选出合适人选。

　　[例1.1.1]　　陈欣根据去年参与"双十一"乡村振兴实践活动的公司客服团队的构成情况，绘制了如图1.1.1所示的组织结构图。由于本次活动属于学校电子商务专业二年级学生的专业实践活动，陈欣与任课老师商量后成功制订了下列客服团队的选人标准：

　　(1)有强烈的责任心和团队精神；

　　(2)打字速度要求60字/min以上；

　　(3)有较强的沟通能力且耐性好；

　　(4)有强烈的求知欲，愿意学习新知识；

　　(5)能够接受电子商务客服的早班、中班、晚班的排班要求；

　　(6)电子商务客服作业成绩良好以上；

　　(7)同等条件下，参照班主任意见择优录取。

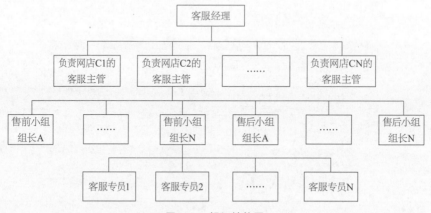

图1.1.1　组织结构图

　　根据组织结构图和客服团队的选人标准，陈欣成功选出40名同学参与此次活动。结合实际，Q老师担任客服经理，陈欣担任客服主管。根据企业的需求，把40名同学分成8个小组，每小组选择一名责任心强的同学担任小组长，由此构建起企业与学校沟通的桥梁。

实 训

根据电子商务专业学部承包的助农项目，以及班级实际情况客服主管制订相关标准，在此基础上为每间店辅选4～6人，并为他们分配合适的岗位。

活动小结

选取合适的人选并为他们分配合适的岗位是组建客服团队的第一步，也是较基础且重要的一步，是完成承包任务的前提与关键。因此，必须以认真的态度严肃对待组建客服团队的第一步。

活动2 取组名

活动背景

在成功组建客服团队之后，取名成了大家关注的环节。一个团队的名字对其发展而言是至关重要的。因为团队的名字不仅关系客户的认可度，同时也是团队形象的代言人，事关团队经营的整体运势。因此，在取名过程中，大家必须结合队伍自身特点、所属行业范畴以及发展态势来定名字。

活动实施

在客服经理Q老师的带领下，陈欣与客服专员的同学们一起，集思广益，群策群力，通过网络搜索、多方咨询、参照成功范例等方式，拟订了如例1.1.2、例1.1.3所示的两个名字。

〔例1.1.2〕 爱农客服团队。

〔例1.1.3〕 乐购客服团队。

最后，"爱农客服团队"这个名字得到了组员最多的票数，从此团队有了自己的名字。

实 训

各小组在组长的带领下给自己的客服小团队取名1～2个。团队名称必须结合团队自身的特点、所属行业范畴以及发展态势，并得到大家的认可。

活动小结

通过对团队的取名，大家开始了团队通力合作的第一步，也使各个组员有了一定的归属感。

活动3 设计组标

活动背景

如今，企业越来越重视公司文化的建设，其中包含企业徽标（LOGO）的设定。LOGO的起源可追溯到古代，从早期部落的特殊标记，慢慢演变成国家的国旗或国徽，可见其唯一的识别性。从徽标的深层含义看，首先它代表着一个企业的经营理念，其次还具有企业独有的文化特色，最后体现了企业自身的价值取向。因此，一个企业如果想做大做强，塑造一个成功的LOGO是非常重要的。

活动实施

设计团队徽标不是一件简单的事情,客服经理Q老师跟组员们展开了热烈的讨论,根据团队自身具有的年轻、团结、向上的特点,从徽标的独特性、可识别性、个性与共性等方面入手,再结合电子商务客服的行业特性综合考虑,设计了一些有特色的LOGO。图1.1.2至图1.1.4是老师为团队成员展示的LOGO设计案例,要求组员参考这些设计完成组标设计。

图1.1.2的LOGO设计元素是以山峰和苹果作为素材进行创作的,连绵不绝的山峰代表助农项目的对象——大凉山,红彤彤的苹果则是助农项目的主要销售产品。

图1.1.3的LOGO采用了红、橙、黄、绿、蓝这5种颜色,代表着团队乐观、激情、拼搏、创新和团结5种精神。5个彩色环紧扣在一起,寓意团结一心的团队精神。

图1.1.4的LOGO用简单的圆形以及半圆形组合成一个小成员的形象,LOGO中6个成员围在一起,为团队集思广益,创造更好的团队业绩。

  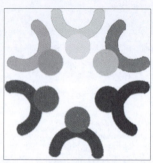

图1.1.2　LOGO案例1　　　　图1.1.3　LOGO案例2　　　　图1.1.4　LOGO案例3

实　训

在活动2的基础上,各小组进行讨论,根据团队自身的特点以及所服务企业的行业特性,为爱农客服团队设计1~2个LOGO,要求体现出唯一识别性和经营理念。

活动小结

LOGO的设计是对团队综合素质的一种体现,同学们通过学习不仅拓宽了知识面,还能学以致用,巩固学习效果。

活动4　设定组训

活动背景

企业口号标语的设立也是企业文化建设的一个必不可少的环节。可以说,企业口号标语就是战斗时的一面旗帜,它可以是一个动员令,也可以是一个目标,同时也是对团队成员的共同要求,是对社会价值观的宣传和提倡。因此,口号虽简单,但很重要。

活动实施

本次建立电子商务客服团队,主要是应对“双十一”乡村振兴项目,所以大家结合该项目的特殊性,以及网络特定语言,同时紧靠合作企业的销售理念、销售目标,设定了如例1.1.4至例1.1.6所示的团队口号。

［例1.1.4］ 齐心助农,大凉山我们来了!

［例1.1.5］ 团结一心,为农拼到底!

［例1.1.6］ 战鼓雷雷,助农能手怕过谁!

实　训

在活动3的基础上,结合"双十一"乡村振兴项目,各小组展开活动,选定网店,根据网店的实际情况,给爱农客服团队设计口号标语。

创意队名与
口号

活动小结

给团队设立一个好的口号,那么团队的目标和要求就很明确了,同时它会一直提醒各个队员对自身有更高的追求。

活动5　制订客服日常管理制度

活动背景

团队组建后,还需要规范明确的管理制度,落实客服责任,令团队人员有据可依,主管有法可执。有了制度,人人遵守,增强团队的合力,实现打造一流客服团队的目标。

活动实施

管理制度的设立,要以店铺经营特色为依据,以完成客服工作任务为目标。编写时用词精准确,条文清晰,可执行性强。日常管理制度围绕客服日常工作的范畴,便于对个人行为进行约束,提高客服人员的素质。

［例1.1.7］ 客服日常管理制度。

(1)具有良好的职业道德和正确的服务思想,树立把困难留给自己,把方便让给客户的服务宗旨,维护本企业形象,全心全意为客户服务。

(2)客服代表在受理客户咨询、投诉时,必须严格执行规范的服务用语,态度和蔼、亲切,热情处理客户的咨询或投诉;做到反应快、应答及时。

(3)自觉遵守劳动纪律,履行客服专员职责。严禁在工作场所大声喧哗,未经经理批准不得擅离职守。

(4)严格交接班手续,认真遵守交接班制度。

(5)听从管理人员的指挥调度。

(6)上班时间不能与邻台闲聊(业务交流除外),不能私挂用户电话;手机铃声调为振动。

(7)上班时间不准登录与工作无关的QQ、玩网络游戏或在线看电影;除公司网页外,不能浏览其他无关网站。

［例1.1.8］ 客服日常管理制度。

(1)熟悉并掌握各业务知识、各项业务操作技能和相关业务流程。

(2)熟悉客户的各种业务服务需求,对于自己不能处理的,及时反馈相关部门或上级领导。

(3)向客户提供准确、迅速、亲切、周到的服务,做好"问声、应声、送声"三声服务。

(4)树立以"客户为中心的服务理念",牢记服务原则,我们的职责就是让客户满意。

(5)努力学习,不断总结服务工作的实际经验,提高自身的业务素质与业务技能。

（6）对客户服务过程中发现的问题及时反馈，并积极提出改进意见和建议。

（7）办公区内不得大声喧哗、嬉戏等，不得串岗，不做与工作无关的事。

（8）完成领导交办的事宜。

实　训

各小组展开活动，根据店铺特色、客服团队的任务与职责，制订适合客服团队的日常管理制度。

活动小结

通过制订客服日常管理制度，各小组成员能够认识到日常管理制度对打造客服团队的重要性，了解客服的工作性质和工作规范。

活动6　设置奖惩机制

活动背景

奖惩机制是一切制度的核心，优秀的企业必定有完善的客服奖惩体系。在对客服团队的管理中，完善、明确、可行的奖惩机制是客服人员服务质量的根本保障。无论奖励还是惩罚，其最终目的都是保障服务质量，创造更多的效益。

活动实施

良好的奖惩机制让客服团队的每位成员保持积极进取的工作状态。物质奖励或者精神奖励对先进个人以及团队都能激发荣誉感和进取心。惩罚应该注重"对事不对人"，针对错误的行为进行适当的处罚，而非针对成员进行贬低。

1.奖励的基本原则

（1）奖励可分为精神奖励和物质奖励两种。

（2）精神奖励可设置"YYDS""客服MVP""金牌客服"等荣誉称号。

（3）物质奖励包括薪酬、福利待遇、小奖品、下午茶等。

（4）奖励的方式多样化，不断更新升级体制，让成员抱有期待，激励斗志。

（5）奖励应该在公开场合隆重举行，仪式感会让成员备受鼓舞。

（6）大力表扬团队中最优秀以及进步最大的成员，起到"标杆"的作用。

2.惩罚的基本原则

（1）惩罚应恰到好处，主要以帮助成员改正错误为导向，不是为了惩罚而罚。

（2）惩罚体系分级别，不同的行为对应不同的惩罚级别。

（3）惩罚的方式应多样化，包括开除、降级、扣薪水、近期内不得评优等。

（4）应及时对犯错误的成员进行惩罚，起到警醒的目的。

实　训

各小组经常集思广益，根据以上奖惩机制的原则，制订本组的奖惩制度。

活动小结

通过奖惩机制的设置，小组成员树立"以努力拼搏争当优秀为荣，以松懈怠慢不思进取为耻"的正确荣辱观。

》》》》》任务2
熟悉产品特性

情境设计

上一年度为应对"双十一"购物狂欢节，某公司聘请了40名临时客服，虽然对这些临时客服做了相关的培训，但是在"双十一"当天还是漏洞百出。有客服面对客户的问题"烟台红富士苹果跟你们大凉山的糖心苹果有什么区别"给出了错误的回答；又有客服面对客户质疑"你们的苹果长得很丑"，却不能告知客户大凉山的苹果是纯天然野生的，不带薄膜套，不打农药，只是回答"虽然看着很丑，但是很甜"，因此难以取得客户的信任。那么，在本年度的"双十一"乡村振兴项目来临之际，客服团队该如何解决这些难题，已成为当前的首要任务。

任务分解

熟悉产品特性是网店对每一位客服的要求，理解产品知识、分队介绍产品是在校生熟悉产品特性的一个有效途径。

任务实施

活动1　理解产品知识

活动背景

一名专业的电子商务客服，必须拥有丰富而全面的专业产品知识，那么知道其所服务的网店的产品特性是其必须完成的第一步。客服人员应理解产品特性，包括熟悉自身及同类产品具有的共性和挖掘其个性特征。

活动实施

在售前客服组组长王悦的带领下，小组成员选择以往学校"双十一"乡村振兴项目的合作公司果旺旗舰店制作产品手册。果旺旗舰店所售特产属于生鲜水果类，王悦要求组员必须熟悉生鲜水果类产品的共性，如储存温度、包装方式、净含量、果径等知识，同时也要掌握所选特产的个性知识，如该特产的特色、卖点等。表1.2.1所示是王悦为组员制作的产品手册。

表1.2.1 产品手册

编号	图片	品名	城市	生鲜储存温度/℃	净含量/kg	包装方式	果径		售价/元	卖点
1		大凉山苹果	凉山彝族自治州	15～18	5	食用农产品	65～70 mm		88	原生态、果肉脆嫩、细腻无渣、香甜爽口、风味浓郁
							75～80 mm		98	
							80～85 mm		102	
							85～90 mm		106	
2		奶油草莓	凉山彝族自治州	15～18	1	食用农产品	单果20 g以下		68	颗颗精选、鲜甜多汁、保鲜包装、顺丰空运
							单果25 g以下		88	
							单果30 g以下		98	
							单果35 g以下		108	

实 训

为自己的淘宝店（或任选一淘宝店）的产品编写产品手册要求。产品手册要求至少包括5件产品，单击图片，可打开该图片的链接。

活动小结

熟悉产品特性，是成为一名专业电子商务客服专员的必经之路。只有对产品全方位地了解和掌握，才能更为自信地去介绍产品，才能使客户信服。编制产品手册能够帮助客服较为快速、全面地掌握产品知识。

活动2 分队介绍产品

活动背景

选择产品、熟悉产品的特性是客服人员"输入"的内容，但更为重要的是能够将"输入"转换为"输出"，即能够条理清晰地介绍产品的特性，这也是销售客服必备的基本技能。

活动实施

在活动1的基础上，王悦带领组员实践介绍大凉山特产。王悦要求组员在活动1的基础上，抓住客户的关注点，有针对性地介绍属性特征、优势以及此产品能为客户带来的利益，小组成员首先在组内练习介绍产品，然后展示小组成果。

[例1.2.1] 编号为1的大凉山苹果香甜爽口。

客户关注点	表1.2.1 产品手册中编号为1的大凉山苹果香甜爽口
小组介绍	亲亲，因为凉山州盐源县位于青藏高原边缘，海拔2 600 m，远离污染，而且昼夜温差大，有利于糖分积累，所以苹果吃起来又香又甜，老人、孕妇、小朋友都能吃，请放心购买。

实 训

两人一小组，一人扮演客户，提出关注点，一人扮演客服，写出回应客户关注点的产品介绍。

活动小结

客服人员在熟悉产品知识后如何将其展示给客户，可通过更多的分队学习达到熟能生巧。

合作实训

（1）制作产品手册。自由组队，6人一组，围绕学校组织的"双十一"乡村振兴助农实践活动的电子商务企业的特产，或者小组商议选定某一网店，编写产品手册，以便实习客服专员快速地熟悉产品。要求产品手册至少包括5种不同类别的产品，每一类别包括4件产品，单击图片，可打开该图片的链接。

（2）组内演练。围绕本小组制作的产品手册，组内分角色扮演买家与卖家，进行产品介绍演练。

（3）分组展示。每小组展示一个最有特色的产品介绍案例。

▢ 知识窗

FABE是利益销售法，F是产品的属性和特征，A是产品的优势，B是产品为客户带来的利益，是FABE利益销售法中不可或缺的元素，E是证据，证明你所说的FAB是真实的。FAB之间存在以下关系：F推出A，A推出B。

≫≫≫≫ 任务3
制订客服交接制度

情境设计

客服团队组建完成，实习客服陈欣和队友们正跃跃欲试，准备上班，客服经理Q老师却提出：你们不能在同一时间上班，公司的上班时间为8：00—22：00，需根据公司的上班时间对人员进行合理分配，同时制订交接制度，在交接班时做好交接工作记录，确保为客户提供持续的咨询服务和售后服务。陈欣和队友们立即开展讨论，上网查阅资料，了解轮班制度和借鉴其他公司的客服交接制度，准备制订属于自己团队的客服交接制度。

任务分解

客服交接制度能使客服工作在时间上得到有效顺延，确保各客服人员的分工协作能顺利接轨，提高客服团队的战斗力，提升店铺的竞争力。本任务要求学会制订客服交接制度的方法；了解客服工作的时间；掌握交接指引和流程；学会记录工作中的问题和重要事情，据此，本任务可分解为制作轮班表、制订交接指引和流程、设计交接工作单3个活动。

任务实施

活动1 制作轮班表

活动背景

网络店铺以其不间断的经营时间来满足消费者随时购物的需要,为了满足客户能及时得到咨询服务,网络店铺会比实体店提供更长的咨询服务时间,而服务时间超过10 h的,一般实行轮班制,以减轻客服人员的工作负荷,令服务质量持久稳定。

活动实施

1.设定店铺客服咨询工作时间

店铺客服咨询工作属于服务性行业,全年无休,遇重大节假日还需延长在线咨询时间,如在"双十一"乡村振兴项目增加人手通宵值班。店铺考虑客服人员的数量,以及店铺经营特色、经营情况,普遍采用每日10~16 h工作制度;有部分店铺要保证客户点击店铺时有人可咨询,就需要客服团队7×24 h待命;也有店铺业务量较少,尤其是个体经营者,配合使用卖家移动平台,选用弹性工作时间。

实 训

请根据店铺经营特色、经营情况,设定客服咨询工作时间,并在店铺页面贴出公示。

2.编制轮班表

在不同的店铺中,组织客服工作轮班的制度是不同的,有的实行单班制,有的实行多班制。一般根据店铺客服咨询工作时间,组织客服人员轮流值班,在编制轮班表时,应合理安排各班客服人员的倒班(例如,每半个月轮换一次早、晚班),合理组织人员轮休,合理配备各班人员力量,避免因人力不足而影响服务质量。

[例1.3.1] 以下为客服售前专员一周的轮班表,见表1.3.1。

表1.3.1 客服售前专员一周的轮班表

排班信息: 班次 早A班: 08:30—18:00　　　　班次 晚B班: 18:00—00:30

部门	姓名	周一	周二	周三	周四	周五	周六	周日
客服售前专员	林×	A	A	A	A	A	A	A
	周×	B	B	B	B	B	B	B
	林×	A	A	A	A	A	A	A
	周×	B	B	B	B	B	B	B
	林×	A	A	A	A	A	A	A
	周×	B	B	B	B	B	B	B
	林×	A	A	A	A	A	A	A

实　训

根据店铺客服咨询工作时间、客流访问量以及客服人员数量,客服经理Q老师与团队成员编制轮班表。

活动小结

陈欣根据店铺经营特色、经营情况,设定客服咨询工作时间,并根据客流访问量以及客服人员数量编制轮班表,令团队人员的工作时间得到合理安排。

活动2　制订交接指引和流程

活动背景

编制轮班表后,各客服人员的工作时间得到合理安排,但咨询服务有连续性等特点,如何确保交接人员顺利交接,划清各个轮班人员的责任,需要制订统一的交接指引和流程,建立严格的交接班制度。

活动实施

制订交接指引和流程,目的是加强员工岗位交接班管理。制订时要有清晰、明确的交接班方法和交接班内容;明确交接班双方的责任和权利,务实的交接指引和流程能够提高员工完成工作的效率和责任心,养成良好的职业习惯,确保工作的连续性和工作责任的落实。

〔例1.3.2〕　交接指引和流程。

(1)交接班人员必须严肃认真,交接要详细、明确,并当面履行交接手续。

(2)客服人员应在记录表上记录当日未完成的派工单及未处理的事件,交代下一班人员跟进。

(3)将重要事情、通知详细记录在工作记录表上,并与下一班当班人员口头交接。

(4)值班过程中发生的问题,应在本班积极想办法解决并报告相关领导;在交接过程中发生的问题,由交接人员负责处理告一段落后再进行交接。接班人员应积极协助,尽快处理完毕。

(5)值班人员换班一定要事先征得相关人员同意,若由换班造成脱班现象,双方均应承担责任。

〔例1.3.3〕　交接指引和流程。

(1)做好班前准备,岗位交接要简练、快速,不允许闲谈,并要迅速进入工作状态。

(2)接班人未到岗,交班人不得离台。

(3)仔细阅读主网站最新业务资讯、后台系统客服公告,及时了解业务变更及优惠政策,并做好推荐工作。

(4)交接日志要对设备情况、疑难问题、人员调班等情况记录清楚。

实　训

根据店铺客服的任务和职责,各小组制订适合客服团队各班次的交接指引和流程,一一列出有利于本组客服团队交接班管理的条文。

活动小结

陈欣及队友学会了编制交接指引和流程,在工作中经过实践和调整后,再也不用担心交接班时引起的混乱,交班人和接班人根据指引和流程能迅速完成交班工作,从而减少团队的失误。

活动3 设计交接工作单

活动背景

当班次没有解决的问题不能拖延,下一班次人员要顺利接手;当班次调整的店铺决策、优惠条款、处理流程等,在下一班次要能够延伸执行,因此,记录显得尤其重要,简明而有效的记录,能令交接班人员顺利完成交接。

活动实施

设计交接工作单时,通常使用简洁的表格,包括日期、交接班时间、交班人签名、接班人签名、交接情况。交接情况一栏要根据店铺经营情况、存在问题、重大事项、通告变更等进行记录,因此,这一栏要留出足够的空白,必要时可以附填写说明或要求。

[例1.3.4] 交接工作单1,见表1.3.2。

表1.3.2 交接工作单1

	年　　月　　日　　时至　　时(早/晚)班		
交班留言			
	交接班时间:	交班人签字:	接班人签字:

[例1.3.5] 交接工作单2,见表1.3.3。

表1.3.3 交接工作单2

岗位		值班人		值班时间	年　月　日　时至　时
交班留言:					
				签名:	
接班人			接班时间		

实 训

根据交接工作需求和店铺情况,设计交接工作单,表中要有明确的填写内容及说明。

活动小结

陈欣通过设计交接工作单，了解到交接班时需要填写及记录的内容，认识到准确详细的记录对交接班的重要性，对维护团队的作用也特别显著。

合作实训

4人一组，选定一家店铺，组建一支客服团队，各小组为团队制订客服交接制度，包括制订轮班表、交接指引和流程、交接工作单等。

项目检测

1.判断题

(1) 奖励方式无须多样化，有奖励即可，应将精力放在解决客户的问题上。　　　　（　　）

(2) 使用产品介绍法FABE介绍产品时，通常由A推出B，B推出E。　　　　　　　（　　）

(3) "双十一"电子商务客服岗位实践只是临时工，只要做好分内事情即可，没有必要组建团队。　　　　　　　　　　　　　　　　　　　　　　　　　　　　　　　　　　（　　）

(4) 客服小组组长的职责是根据店铺销售目标制订店铺客服的工作方案和计划。（　　）

(5) 制订产品手册的目的是使团队成员更快速地了解产品。　　　　　　　　　　（　　）

2.简述题

(1) 某销售员采用FABE 利益销售法则为客户介绍"新疆红枣"，请写出FABE分别是什么。新疆常年干燥少雨，水分比例少，一些树上的红枣甚至已被自然风干，营养丰厚，食用价值名不虚传。且新疆红枣因日照时间长，果肉紧致，其食用的口感为人称道。每一颗红枣都经过12道程序严格控制，精选60%的优质果品，保证消费者到手的红枣是优质大果。

F 代表特征（Features）：＿＿＿＿＿＿＿＿＿＿＿＿＿＿＿＿＿＿＿＿＿＿＿＿＿＿＿

＿＿＿＿＿＿＿＿＿＿＿＿＿＿＿＿＿＿＿＿＿＿＿＿＿＿＿＿＿＿＿＿＿＿＿＿＿＿＿

A 代表优点（Advantages）：＿＿＿＿＿＿＿＿＿＿＿＿＿＿＿＿＿＿＿＿＿＿＿＿＿＿

＿＿＿＿＿＿＿＿＿＿＿＿＿＿＿＿＿＿＿＿＿＿＿＿＿＿＿＿＿＿＿＿＿＿＿＿＿＿＿

B 代表利益（Benefits）：＿＿＿＿＿＿＿＿＿＿＿＿＿＿＿＿＿＿＿＿＿＿＿＿＿＿＿＿

＿＿＿＿＿＿＿＿＿＿＿＿＿＿＿＿＿＿＿＿＿＿＿＿＿＿＿＿＿＿＿＿＿＿＿＿＿＿＿

E 代表证据（Evidence）：＿＿＿＿＿＿＿＿＿＿＿＿＿＿＿＿＿＿＿＿＿＿＿＿＿＿＿＿

＿＿＿＿＿＿＿＿＿＿＿＿＿＿＿＿＿＿＿＿＿＿＿＿＿＿＿＿＿＿＿＿＿＿＿＿＿＿＿

(2) 设计交接工作单有哪些作用? 交接工作单应包括哪些内容?

项目 1
项目检测答案

项目 2
店铺推广

▢ 项目综述

随着网上购物的发展，越来越多的人选择在网上开设自己的店铺，实现自己的创业梦想。作为网上新开的店铺，不但要面临强大的前辈，还有优秀的同辈，后起之秀也会奋起直追，竞争之激烈不可言喻，只有从中脱颖而出才能占一席之地，推广就是脱颖而出较好的办法之一。

小王是一名电子商务专业的学生，由于课外时间比较自由，小王这学期在淘宝网上开了一家经营女装的网店。一方面可以通过网店经营实践自己所学到的专业知识，另一方面也可以赚到一些零花钱来改善生活，可店铺已装修好，产品也已上架，但是进网店浏览的用户寥寥无几，网店开了一个月，始终没有订单，小王非常苦恼。为此，小王请教了校企合作的企业运营总监，总监告诉小王，如果想要店铺有订单，只把店铺开起来是远远不够的，还需对店铺进行推广。

围绕店铺推广，本项目包括站内推广网站、付费推广网站和必要的站外宣传3个任务。

▢ 项目目标

通过本项目的学习，应达到的具体目标如下：

知识目标
◇理解店铺推广的重要性和意义；
◇了解店铺推广的方法和技巧；
◇学习店铺推广的基本步骤。

技能目标
◇能够利用各种渠道推广店铺；
◇能够对店铺进行有效的宣传。

素质目标
◇培养探索求知的精神；
◇培养高效的执行力；
◇培养自我学习和创新能力；
◇培养与人沟通和团队协作能力。

▣ 项目思维导图

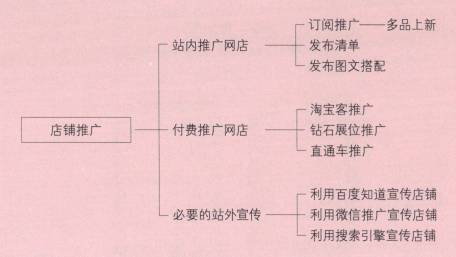

⟫⟫⟫⟫⟫⟫ 任务1
站内推广网店

情境设计

小王根据校企合作企业的运营总监的规划，结合自己目前的资金状况，小王决定先从免费推广入手。目前，网上免费推广网店的方法各种各样，有站内推广和站外推广等，站内推广有订阅推广、电子邮件广告、设置橱窗推荐等，站外推广有百度知道、微信推广、搜索引擎等。

任务分解

小王根据自身特点，采取自己最擅长的方法制订了相应的计划，将任务分解为订阅推广——多品上新、发布清单、发布图文搭配3个活动。

任务实施

活动1 订阅推广——多品上新

活动背景

自2020年11月开始，淘宝产品开启全面升级。整个手淘框架由推荐、订阅两个部分组成，形成公私域互补矩阵，倡导消费者深度运营，开启私域增长新引擎。

推荐：平台级公域产品，以商品信息流为载体，提供消费者购物发现性，如图2.1.1所示。

订阅：平台级私域产品，商家粉丝会员运营阵地，提供消费者确定性店铺回访阵地，如图2.1.1所示。

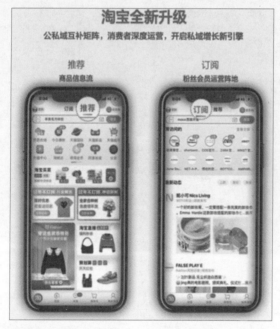

图2.1.1 逛逛首页

订阅，定位平台级私域阵地，聚焦商家粉丝会员运营，致力打造私域经济全新增长。

无线端流量的高速增长期已经过去，当前品牌获取流量的方式也从疯狂拉新过渡到消费者深度运营，粉丝超过千万的商家近百。

在订阅中，更加注重粉丝会员的复访复购。

在淘宝上，相当一部分商家和品牌已经积累了可观的消费者资产，具备私域运营的必要条件和增长潜能。

粉丝超过1万的商家达几十万，粉丝超过10万的商家超30 000，粉丝超过100万的商家近3 000。

在新订阅中，我们应用了全新的关系亲密度分发机制，带来更高进店效率。

一方面，我们收集消费者和店铺在全淘宝的行为，构成了关系亲密度分值。

另一方面，我们按照关系亲密度在订阅进行店铺和信息分发。这意味着商家的优质消费者关系（如亲密粉/活跃粉/复购会员等）在订阅会获得更强触达，带来的是更高的进店效率。此外，商家也可通过全淘宝的消费者运营，提升粉丝会活跃度来订阅获得更高流量订阅，定位商家粉丝会员运营阵地，致力于自运营玩法建设来提升商家私域运营效能。

"上新"为商家在订阅最主流的核心供给，也是消费者在订阅里最爱浏览的内容。

商家上架新品后，可通过"上新"发布，在订阅里第一时间触达粉丝会员，实现新品流量冷启动。

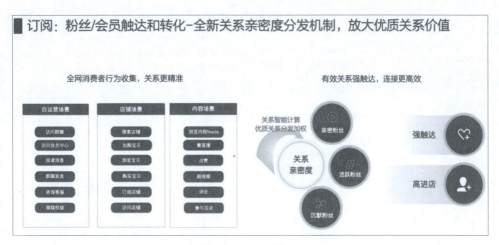

图2.1.2 订阅

在订阅中，提供商家多种上新能力，包括自动上新和主动上新，主动上新将获得更多流量加持。

多品上新是商家将自己的新品有效进行推广的一种内容形式，通过多款新品组合内容的发布，可以让粉丝第一时间收集与上新相关的商品信息和折扣信息。多品上新内容为点击率最高的内容。

活动实施

（1）登录卖家账号，进入千牛卖家中心或进入千牛工作台，在左侧的"内容运营中心"可以看到"发布工具"，如图2.1.3所示。

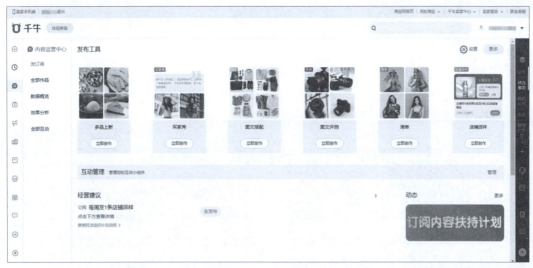

图2.1.3 千牛卖家中心

（2）根据发布要求，输入文案，添加宝贝，如图2.1.4所示。

（3）多品上新内容包括文案和图片。文案方面简短地描述新品信息、福利信息。图片方面要保证美观，可直接使用场景，如棚拍、白底图，也可作适当设计优化，相关案例可参考图2.1.5。

图2.1.4 发布上新宝贝

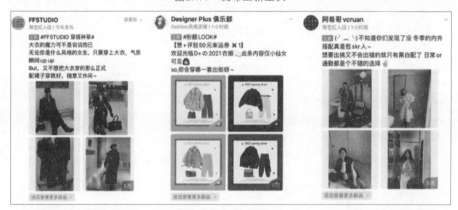

图2.1.5 案例1

（4）针对棚拍、白底图的首图进行优化，可从以下两个方面进行美化。

①分镜头、平铺，添加一些适当的装饰元素，如图2.1.6所示。

图2.1.6 案例2

②做一些简单的背景设计，丰富视觉样式，其风格根据品牌自身定位设定，可简约，也可多元化，如图2.1.7所示。

图2.1.7　案例3

实　训

在千牛工作台进行发布店铺上新的产品（最近15天内已经上架并开售的新品宝贝）。

活动小结

通过学习订阅中的上新，尝试自己发布新上架15天内的宝贝，不符合该条件的宝贝，将无法发布！同时，多品上新内容，文案方面简短描述新品信息、福利信息。重点保证图片美观，可以直接使用模特场景。

活动2　发布清单

活动背景

清单是商家发布同类主题的宝贝集合，可以让粉丝更集中地获取商品相关信息以及促销折扣相关信息，帮助提升关联货品推荐效率。

建议店铺每周至少发布一次主题清单，可以是新品清单、划算清单、双11就要买、店铺TOP10热销宝贝等主题形式。

活动实施

（1）单击"内容运营中心"下的"发订阅"，再选择"清单"，如图2.1.8所示。

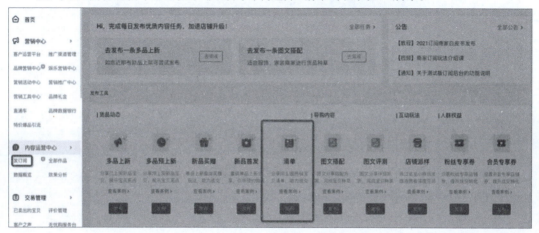

图2.1.8　内容运营中心

（2）根据发布要求，输入文案，添加宝贝，如图2.1.9和图2.1.10所示。

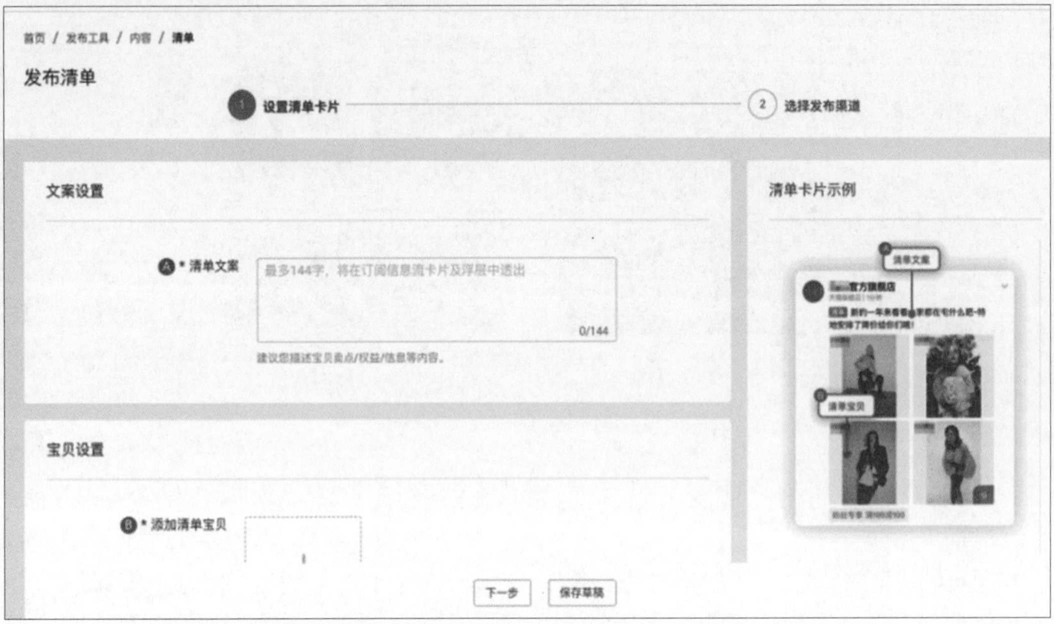

图2.1.9　发布清单

图2.1.10　主题及文案要求

举例主题：

（1）#凑单买更划算#：该主题常用于优惠力度较大的情况下，如满300减40，优惠券、裂变券、微淘渠道券等，文案上强调大促优惠，图片上以可享大促优惠的宝贝为主。

［例2.1.1］　【双11就要买】#凑单买更划算#一条绝美初冬连衣裙+一顶敲可爱复古鸭舌帽，就可以成为出街最靓的仔啦！这两件单品一起买可使用优惠券立减40，敲划算！

（2）#店长推荐款#：该主题常用于推荐爆品、星品。

［例2.1.2］　【每周上新】#店长推荐款#宝贝，都是不买后悔的大明星单品哦（可以适当增加宝贝信息和卖点信息），小可爱们赶紧来加购吧！

（3）#其他清单主题#：该主题可自由发挥，但在文案及宝贝选择上需要符合主题要求。

实　训

根据店铺进行清单发布。

活动小结

（1）建议店铺每周至少发布一次主题清单，不可一时兴起发布一次后不再更新。

（2）宝贝主图需要干净清晰、无"牛皮癣"广告，使用场景实拍图，可提高点击率和粉丝进店。

活动3　发布图文搭配

活动背景

图文搭配是一种高效导购内容类型，通过短图文真实分享商品搭配方案，帮助粉丝建立货品认知。小王决定通过发布图文搭配高效地帮助粉丝建立货品认知，从而达到店铺的推广。

图文搭配适合服饰、家装品类商家使用。

活动实施

（1）登录卖家账号，进入卖家中心或进入千牛工作台，在左侧的"内容运营中心"可以看到发布工具，如图2.1.11所示。

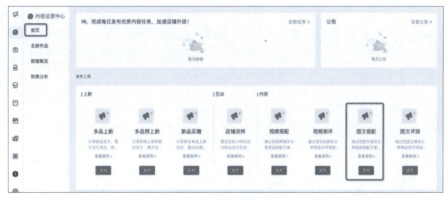

图2.1.11　内容运营中心

（2）在千牛工作台中选择"图文搭配内容"类型，添加搭配图片及描述并进行发布，如图2.1.12所示。

图2.1.12　发布图文搭配

☐ 知识窗

发布图文搭配的要求

添加搭配图片：

（1）图片要求。

图片数量：支持3~9张。

图片要求：图片比例为1:1，大于750像素×750像素，小于3 MB，支持JPG或PNG格式。

（2）为搭配图片添加标签。

图片上传后，每张图需至少放置一个标签，每个标签对应挂靠一个宝贝。

每张图最多可添加3个标签。

注：为提升宝贝浏览效率，3月29日起图文内容从"每条内容至少含一个标签一个宝贝"修改为"每条每日的每张图片至少含一个标签一个宝贝"，涉及内容包含"图文搭配"和"图文评测"。

实 训

选择店铺里的宝贝进行发布图文搭配。

活动小结

学生通过实训，可了解到图文搭配中图片要求需要根据相关的格式进行；图片上传后需至少放置一个标签，每个标签对应挂靠一个宝贝；每张图最多可添加3个标签。

⟩⟩⟩⟩⟩⟩ 任务2

付费推广网店

情境设计

经过一段时间的免费推广，该网店的经营有了一定的起色，流量增加了，渐渐地也有了一些订单和一定的利润收入。恰逢"双十二"即将来临，小王想利用淘宝"双十二"大促销活动借势起步，尝试对网店做一些付费推广。

任务分解

付费推广是网店的主要推广手段，没有广告几乎很难提高销量。付费推广的形式有很多，如果使用恰当，10元的广告也可以获得相当高额的回报；相反，可能花了不少钱而毫无收获。在任务1中，小王已在站内对网店作了一些免费推广，为取得更好的效果，将对网店做一些付费推广。

本任务分解为淘宝客推广、钻石展位推广、直通车推广3个活动。

任务实施

活动1　淘宝客推广

活动背景

淘宝客推广是一种按成交计费的推广模式,它的工作平台是阿里妈妈。阿里妈妈作为淘宝网推出的网络营销推广平台,任何网民都可以帮助淘宝掌柜销售商品,从中赚取佣金。随着互联网的发展和网民的增加,淘宝客将成为很大的网络职业人群。很多人关注淘宝客,也有越来越多的个人加入淘宝客推广。小王决定通过淘宝客来增加店铺流量,以达到一定量的成交额。

活动实施

小王制订好计划后,马上实施相关活动:

(1)打开阿里妈妈网站地址,登录淘宝会员账号。

(2)进入"淘宝客"页面,单击"推广计划"下的"通用计划"右侧的"查看"链接,如图2.2.1所示。

图2.2.1　单击"查看"链接

(3)单击"新增主推商品"按钮,弹出"选择主推商品"对话框,单击选择要设置的主推商品,在"批量设默认佣金"文本框中输入5,单击"确定"按钮,如图2.2.2所示。

(4)单击"完成添加"按钮,即可成功设置淘宝客推广,如图2.2.3所示。

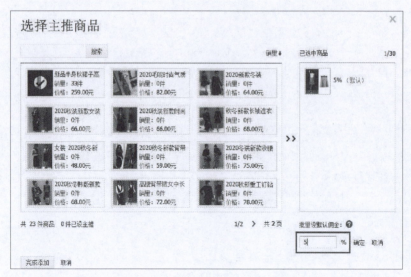

图2.2.2 "选择主推商品"对话框

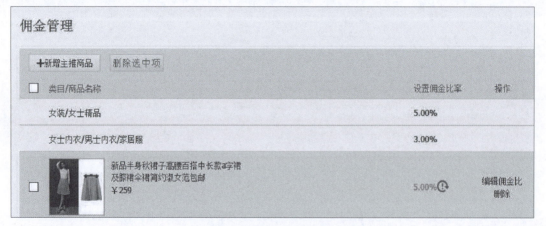

图2.2.3 成功设置淘宝客推广

实　训

在自己的网店内选择一件主推商品, 设置淘宝客推广计划。

活动小结

通过设置淘宝客推广, 小王意识到作为新手, 开始时可以将自己的宝贝佣金设置得高一些, 自己赚取的利润低一些, 这样才会吸引淘宝客为自己宣传。淘宝客宣传的渠道很广, 他们有很多宣传手段和方法。当店铺有了一定的销量, 流量自然就会提升上去。当每天都有销量时, 可适当降低淘宝客佣金, 给自己多留一些利润。

活动2　钻石展位推广

活动背景

钻石展位是淘宝网图片类广告位竞价投放平台, 是为淘宝卖家提供的一种营销工具。钻石展位不仅适合发布宝贝信息，更适合发布店铺促销、店铺活动、店铺品牌推广。它可为店铺带来巨大的流量，同时增加买家对店铺的好感，增强买家黏度。

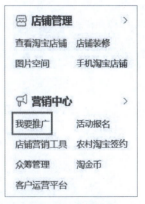

图2.2.4　我要推广

活动实施

（1）登录淘宝账号，进入卖家中心，在左侧栏中找到"我要推广"，单击"我要推广"，如图2.2.4所示。

（2）打开页面后，单击"立即登顶"按钮，即可进入钻石展位，如图2.2.5所示。

（3）单击后出现"钻石展位"，直接单击"加入钻石展位"，如图2.2.6所示。

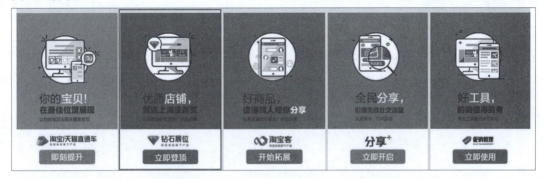

图2.2.5　钻石展位

图2.2.6　加入钻石展位

（4）单击左侧"报名入口"即可加入，提示"每周四10:00开放本期报名入口，数量有限，先到先得。"单击"立刻报名"，如图2.2.7所示。

图2.2.7　立刻报名

（5）报名后，出现淘宝钻石展位软件服务协议，仔细阅读，确认没问题后直接单击"接受协议"按钮即可完成。完成后需注意，只加入是没有意义的，要使用钻展，还必须激活。其方法是先充值。充值后，如果登录了千牛工作台，就会提醒你学习，根据提示操作即可。

📖 知识窗

钻石展位的位置

1.淘宝首页

首页流量巨大，对于资金雄厚的大卖家来说，放在首页可以带来巨大的流量，从而带来更多的客户。如图2.2.8所示为淘宝首页上的钻石展位。

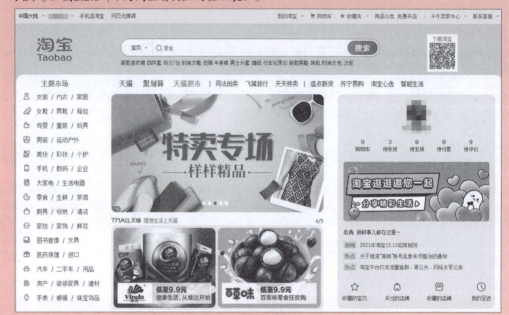

图2.2.8　淘宝首页上的钻石展位

2.各频道焦点图和通栏钻石展位

各频道焦点图和通栏钻石展位只要展示了就收费，最好选择和自己商品相匹配的垂直频道进行投放。如图2.2.9所示为女鞋频道首页的钻石展位。

图2.2.9　女鞋频道首页的钻石展位

3.特卖促销频道

特卖促销频道的钻石展位，如图2.2.10所示。

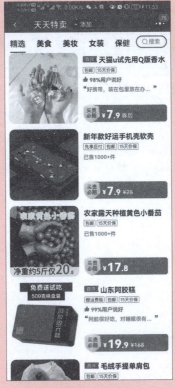

图2.2.10 特卖促销频道的钻石展位

4.广告网站联盟

广告网站联盟是指集合网络媒体资源组成的联盟，通过联盟平台帮助广告主实现广告投放各大门户网址广告位置，如图2.2.11所示为搜狐广告位。

图2.2.11 搜狐广告位

实　训

在自己的网店选择合适的商品，为其购买钻石展位，如图2.2.12所示。

图2.2.12　购买钻石展位

活动小结

钻石展位并非人人能购买，淘宝店铺需要达到一定的星级才能购买；也并非购买了就能用好它，它适合在经营管理上比较成熟的卖家，需要卖家有实力雄厚的美工团队，可以做出效果极佳的图片、Flash等；要求卖家有活动、促销等的发布，这样才能以最合适的噱头推广最合适的商品。

活动3　直通车推广

活动背景

淘宝直通车推广用一次点击让买家进入店铺，产生一次甚至多次店铺内跳转流量，这种以点带面的关联效应可以降低整体的推广成本，提高整店的关联营销效果。同时，淘宝直通车还给用户提供了淘宝首页热卖单品活动、各个频道热卖单品活动和不定期的淘宝各类资源整合的直通车用户专享活动。小王决定先进行网络学习后再进行选择是否决定用直通车进行推广，如图2.2.13所示为在搜索页面右侧展示的直通车。

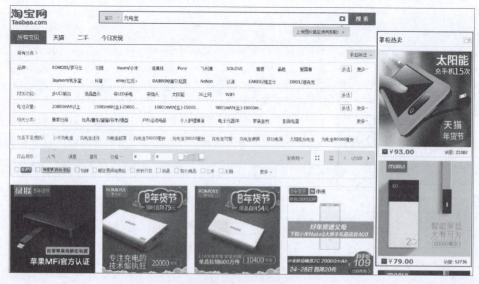

图2.2.13　直通车推广

活动实施

(1)登录淘宝账号,进入卖家中心,在左侧栏中找到"我要推广",单击"我要推广"即可看到中间页面的"淘宝/天猫直通车"模块,如图2.2.14所示。

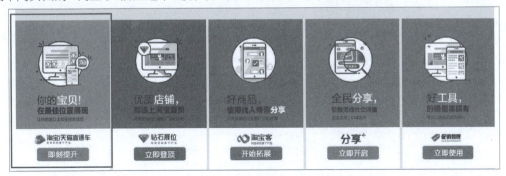

图2.2.14 淘宝/天猫直通车

(2)进入淘宝直通车,单击"我要充值"激活账户,如图2.2.15所示。

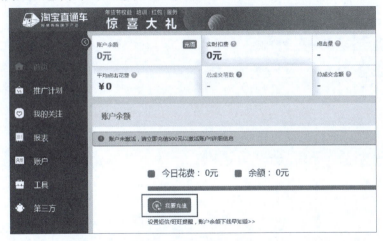

图2.2.15 我要充值

(3)找到"推广计划",单击"标准推广",在右侧板块中,再单击"新建推广计划",输入推广计划名称,如图2.2.16和图2.2.17所示。

图2.2.16 标准推广

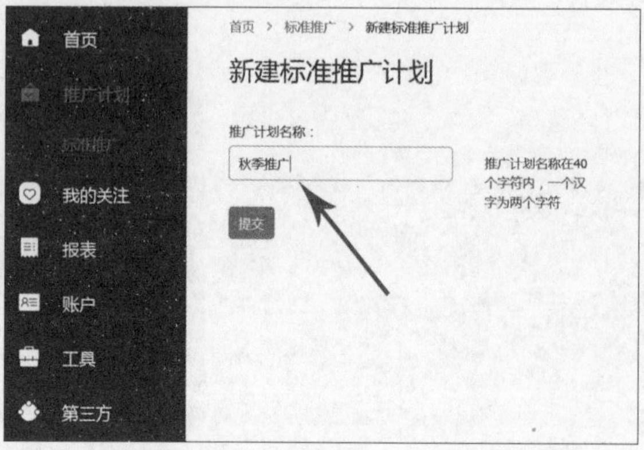

图2.2.17　新建标准推广计划

（4）单击左侧"标准推广"即可看到创建的计划显示状态"推广中"，如图2.2.18所示。

图2.2.18　推广中

（5）单击推广中的"编辑"按钮，跳转到推广设置页面，即可单击上面的"设置日限额""设置投放平台""设置投放时间"和"设置投放地域"等按钮进行相应的设置，如图2.2.19所示。

图2.2.19　推广设置

（6）单击"新建宝贝推广"，进入"新建宝贝推广"设置页面，再单击"全部"就能显示店铺内的所有宝贝，选择要推广的宝贝即可，如图2.2.20所示。

图2.2.20 选择宝贝

（7）对选择的宝贝进行推广设置，首先进行添加创意操作，选择创意图片，这里是关键点，图片要能引起消费者的兴趣。在标题处输入40个字符，也就是20个中文字，如图2.2.21所示。

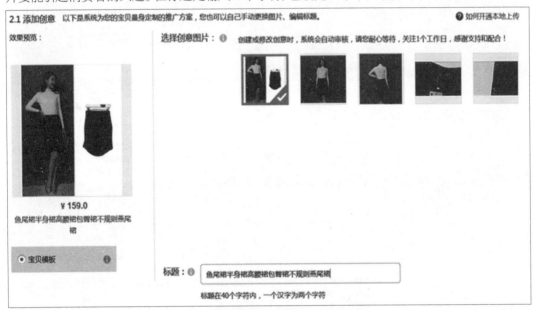

图2.2.21 添加创意

（8）进入"买词及出价"步骤，单击"更多关键词"，选择全部，下面会出现很多系统推荐的关键词，右侧显示该关键词的展现量、点击率、转化率等，可以选择合适的关键词，单击加入左侧的方框内，再设置默认出价。最后单击"确定"按钮，完成关键词的添加，如图2.2.22所示。

（9）添加精选人群，单击"完成推广"，即可完成直通车的设置。充值后，就可开始推广，如图2.2.23所示。

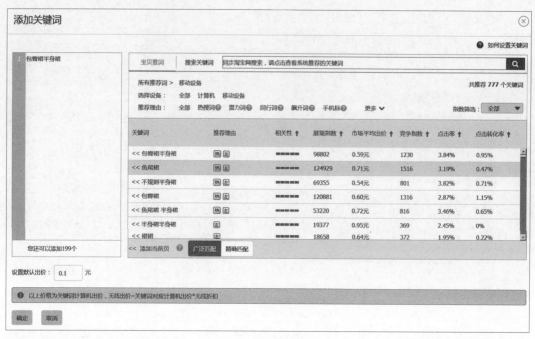

图2.2.22　添加关键词

图2.2.23　添加精选人群

实　训

在自己的网店内选择合适的商品，为其设置直通车推广。

活动小结

很多卖家苦于对淘宝直通车的使用不得要领，花了很多资金，但推广效果不理想。学会淘宝直通车的操作方法不一定能用好直通车，淘宝直通车的使用技巧也是十分重要的。

🗒 知识窗

淘宝直通车

1.淘宝直通车推广原理

①如果想要推广某一个宝贝，应为该宝贝设置相应的关键词和宝贝标题。

②当买家在淘宝网上通过输入关键词搜索商品或按照宝贝分类进行搜索时，就会展示商家推广中的宝贝。

③如果买家通过关键词或宝贝分类搜索后，在直通车推广位单击商家的宝贝，系统就会根据商家设置的关键词或类目的出价来扣费。

2.淘宝直通车的设置方法和使用技巧

（1）选择最具优势的商品、选择店铺卖得最好的、成交记录最多的商品来推广，相比其他店铺要有自己的优势，成交记录越多，商品的人气越高，成交的概率就越大。

（2）提高关键词质量分，对于开直通车淘宝卖家来说，关键词的质量得分非常重要，因为质量分就意味着钱，提高质量分就是做直通车的首要工作。那么，质量分和哪些因素有关呢？

①宝贝上架时所选的类目属性一定要正确、完整。比如说，上架的是一款雪纺长裙，宝贝的属性有假两件、雪纺、印花、无袖、纽扣、拼接，长度超过126 cm，背心裙等信息，在勾选时一定要全部选择。这不仅是提高质量分的基础工作，也有利于提高宝贝的自然搜索排名。

②优化宝贝标题。宝贝标题应该和类目属性具有较大的关联性，当然，也要综合考虑流量大的关键词或者热门搜索词。

③设置宝贝的推广标题。参加直通车的宝贝可以有两个标题，每个标题20个字，因此，一定要利用好这20个字。这20个字的内容尽量把宝贝关联性最大的词语放进去。例如，上面提到的雪纺长裙，是一款波西米亚风格的沙滩裙，需要把这些信息尽可能地填写进去。

（3）虽然出价技巧直通车的出价看起来简单，但是我们常常因不知道应该出多少钱而犯愁，淘宝直通车的出价也是很讲究技巧的，因为它是决定直通车效果的关键指标之一。出价越高意味着排名越靠前，被展现的概率越多，带来的流量也就越多。但是为了尽最大可能地把钱花在刀刃上，可根据转化数据调整关键词出价。

①删除过去30天展现量大于100点击量为0的关键词。

②找到成交TOP50的关键词，提高关键词出价。

③将关键词的花费由高到低排序，降低转化率低于2%的关键词出价。

（4）不宜使用直通车的情况

①毫无经验的新手卖家不要盲目开直通车。众所周知，直通车是一种花钱的广告模式，因此，在决定开直通车之前最好先了解其操作基础，如直通车的质量得分如何计算，直通车的关键词如何选择，如何出价，如何提高点击率，如何提升转化率，等等。不然，没有任何基础盲目地开

直通车,只会白白地浪费金钱。

②图片不好看的商品不适宜参加直通车。在直通车推广中,图片是获得点击率的最重要因素。如果图片不好看,甚至模糊不清,又如何能吸引买家的关注呢?没有关注就没有点击率,没有点击率就没有流量,没有流量就等于没有销量,开直通车也就没有任何效果。

③价格太高或太低的商品不适宜开直通车。价格太高的商品开直通车,其转化率肯定不高;价格太低的商品,容易引起买家对其质量的怀疑。因此,选择参加直通车推广的商品价格应适中,这样才能保证投入与产出的正价比,用利润换回广告费。

④没有销量的商品不适宜开直通车。没有消费者会喜欢卖得不好的商品,参加直通车推广的商品性价比越高,销量越好,转化率就越高。

⑤中小卖家不要争夺热门关键词。关键词的热度越高、流量越大,其竞争也会越大,需要花的钱也就越多,中小卖家是无法承担的,因此,不要盲目地争夺那些热门关键词,锁定长尾词是一个不错的选择。

》》》》》》 任务3
必要的站外宣传

情境设计

网店推广的目的在于让尽可能多的潜在用户了解并访问网店,通过访问网店获得有关商品的信息,为用户最终形成购买决策提供支持,促成更多的生意。根据校企合作的企业总监建议,小王在为店铺做免费推广和付费推广的同时,也需要把目标放到淘宝网的站外宣传上。

任务分解

在淘宝网站外进行推广,主要把任务分解为利用百度知道宣传店铺、利用微信推广宣传店铺和利用搜索引擎宣传店铺3个活动。

任务实施

活动1 利用百度知道宣传店铺

活动背景

"百度知道"在这个互联网时代对于我们来说并不陌生,它是一个基于搜索的互动式知识问答分享的平台。"世界很复杂,百度更懂你",百度知道的搜索模式是用户自己有针对性地提出问题,通过积分奖励机制发动其他用户来解决该问题。同时,这些问题的答案又会进一步作为搜索结果，提供给其他有类似疑问的用户，达到分享知识的目的。小王决定使用百度知道来宣传店铺。

活动实施

（1）打开百度页面，点击右上角的"登录"，在弹出的登录界面上输入账号和密码，登录百度账号，如图2.3.1和图2.3.2所示（没有账号的可以点击右下角的"立即注册"，即可注册一个百度账号）。

图2.3.1 登录百度 图2.3.2 用户名、密码登录

（2）登录百度账号后，返回百度首页，点击右上角的账户名称，进入"百度个人中心"，点击"知道"，进入"自己的知道"首页，在个人中心里单击"签到"即可获取经验值，如图2.3.3所示。

图2.3.3 知道首页

（3）进入"自己的知道"首页后，可在上方的搜索框中输入想要进入的"知道"名称，例如，服装穿搭，点击进入"知道"，如图2.3.4所示。

（4）进入该"知道"后，单击"搜索答案"，即可在自己的百度知道中看到相关的答案，单击你感兴趣的标题，可进入你所关注的"知道"，单击工具栏中的"我要提问"即可进行提问，如图2.3.5所示。

（5）进入提问页面，编辑好提问的标题、内容，单击"提交"按钮，即可完成提问的发表，如图2.3.6所示。

图2.3.4　提问问题

图2.3.5　进入知道

图2.3.6　我要提问

🔲 **知识窗**

如何利用知道进行店铺宣传

①百度知道的最大特点在于和搜索引擎的完美结合，让用户所拥有的隐性知识转化成显性知识，用户既是百度知道内容的使用者，同时又是百度知道的创造者，在这里累积的知识数据可以反映到搜索结果中。通过用户和搜索引擎的相互作用，实现搜索引擎的社区化。百度知道也可以看作对搜索引擎功能的一种补充，让用户头脑中的隐性知识变成显性知识，通过对回答的沉淀和组织形成新的信息库，其中，信息可被用户进一步检索和利用。这意味着，用户既是搜索引擎的使用者，也是创造者。百度知道可以说是对过分依靠技术的搜索引擎的一种人性化完善。

②百度知道的排名机制如下：

1—访问量；2—评论数；3—点赞数；4—知道的互动性；5—悬赏的高低。

③根据实践证明，一个问题如果被回答的人数越多，时间越久，这个问题就会在百度获得良好的排名，而且快照还会随时更新，这样更有利于起到良好的推广效果。百度知道的问题等待时间是14天，建议在最后一两天时再解决，这样得到的回答数量会更多，问题被百度收录的快照也会得到很好的更新，最后也会得到良好的排名。

百度知道是目前百度品牌活跃量最大的一个地方，流量非常大，卖家如果能利用好这里的资源，宣传效果将得到大大提升，如图2.3.7所示为百度知道的宣传广告。

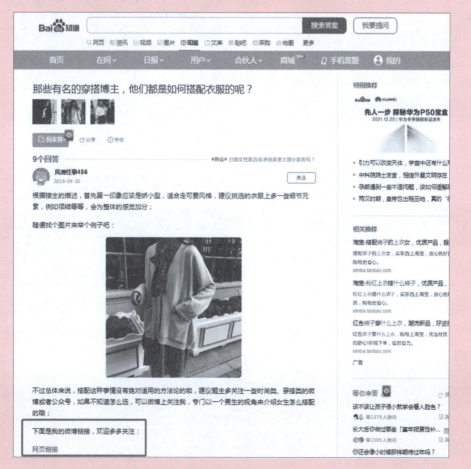

图2.3.7　百度知道的宣传广告

实　训

（1）回答至少两个人气较高的与穿搭相关的"知道"。

（2）在"知道"内搜索查看优秀的回答，加以借鉴学习。

（3）在"知道"内至少提一个穿搭问题，内容积极健康，最好与自己的网店商品相关联。

活动小结

通过加入相应的知道、提问，并在知道内与他人互动之后，同学们掌握了知道宣传的一些技巧，也借此宣传了自己的网店及商品。

活动2　利用微信推广宣传店铺

活动背景

微信推广是一个新型的互联网推广方式，不少企业和个人从中尝到了甜头，发展前景也非常值得期待。相对一些传统的互联网，微信推广具有很多其他推广方式不具备的优势。

一方面，随着智能手机越来越普及，微信已经慢慢地从高收入群体走向大众化；另一方面，信息交流的互动性更加突出。虽然前些年火热的博客推广也有和粉丝的互动，但是互动并不具备即时性，而微信就不一样了，微信具有很强的即时性，无论你在哪里，只要有一部安装了微信客户端的手机，就能够很轻松地同你的未来客户进行很好的互动。微信推广过程中内容的建设和传递的方式是重点。在平台功能上有朋友圈、扫一扫、摇一摇、漂流瓶等，而哪一种才能更贴近消费者和独具创新，需结合企业的实际情况而定。小王决定使用自己的微信朋友圈进行店铺推广，如图2.3.8所示。

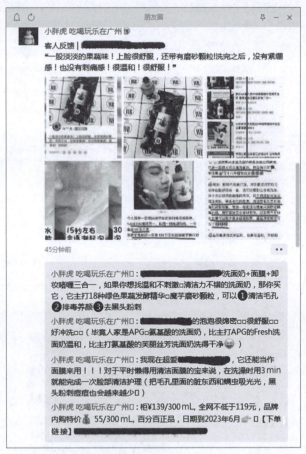

图2.3.8　微信推广

活动实施

（1）登录微信操作步骤如下：进入朋友圈的页面，打开微信，在首页下方点击"发现"，点击最上方的"朋友圈"，如图2.3.9所示为进入朋友圈的界面。

（2）在朋友圈界面点击右上角的相机标志进入选择图片的界面，如图2.3.10所示。

（3）选择图片时可以选自己临时拍摄的或者从相册中选择。点击"拍摄"进入相机照相界面进行拍摄，点击"从手机相册选择"进入手机图库，如图2.3.11所示。

图2.3.9 朋友圈的界面

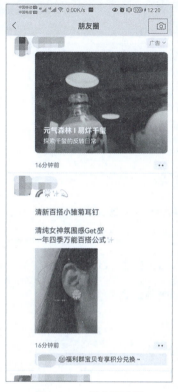

图2.3.10 朋友圈首页

图2.3.11 发布朋友圈

（4）勾选自己想要发朋友圈的图片，最多不能超过9张，选好后可以点击右下角的"预览"。确认选好后点击右上角的"完成"，这样图片就选好了，如图2.3.12所示。

（5）添加自己要发的文字，并在下面的"所在位置""提醒谁看""谁可以看"做出设置，设置完成后点击右上角"发表"即可。

实 训

同学们通过自己的朋友圈发布自己店铺的产品进行推广。

活动小结

通过朋友圈来推广时需要注意，一天控制发圈的数量和质量，以避免给朋友带来影响，如果数量和质量把控得好也会带来意想不到的效果。

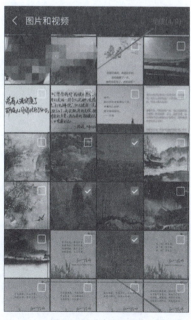

图2.3.12 勾选图片

活动3 利用搜索引擎宣传店铺

活动背景

全世界大部分的互联网用户采用搜索引擎来查找信息,而通过其他推广形式访问网站的只占很少一部分。这就意味着目前互联网上最为经济、实用和高效的网站推广形式就是搜索引擎。

活动实施

登录搜索引擎操作步骤如下:进入搜索引擎登录页面,输入网址提交即可。如果搜索引擎不接受,那就多提交几次,直到被接受为止。由于搜索引擎收录新网站有一定的工作周期,因此,越早操作越好。如图2.3.13所示为百度搜索引擎登录界面。

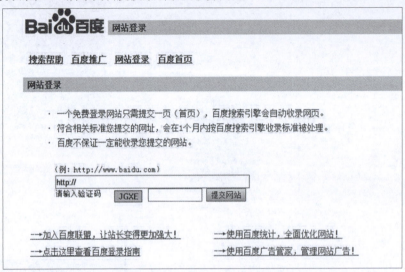

图2.3.13 百度搜索引擎登录界面

实 训

同学们分别到新浪、搜狐等搜索引擎网站登录,并输入自己的网店网址。

活动小结

目前有很多可以免费登录的搜索引擎,如百度、谷歌、雅虎、新浪、搜狐等,到这些搜索引擎网站登录会带来意想不到的效果。

项目检测

1.单项选择题

(1)下列哪项属于免费店铺推广?(　　　)

　　A.直通车　　　　　　B.淘宝客　　　　　　C.订阅　　　　　　D.钻石展位

(2)图文搭配,发布时一张图片可以带(　　　)个链接。

　　A.5　　　　　　　　B.3　　　　　　　　C.2　　　　　　　　D.1

(3)下列哪项不属于订阅推广?(　　)

　　A.清单　　　　　　B.图文搭配　　　　C.多品上新　　　　D.论坛发帖

(4)钻石展位是淘宝网(　　)广告位竞价投放平台。

　　A.文字类　　　　　B.图片类　　　　　C.视频类　　　　　D.以上都是

(5)淘宝直通车是按(　　)付费的效果营销工具,为卖家实现宝贝的精准推广。

　　A.展现　　　　　　B.点击　　　　　　C.成交　　　　　　D.浏览量

2.判断题

(1)整个手淘框架由推荐和订阅两个部分组成。　　　　　　　　　　　(　　)

(2)推荐是平台级私域产品。　　　　　　　　　　　　　　　　　　　(　　)

(3)订阅,定位商家粉丝会员运营阵地,致力于自运营玩法建设来提升商家私域运营效能。

　　　　　　　　　　　　　　　　　　　　　　　　　　　　　　　(　　)

(4)清单是商家发布新产品的宝贝集合。　　　　　　　　　　　　　　(　　)

(5)淘宝客推广是一种按成交计费的推广模式。　　　　　　　　　　　(　　)

(6)钻石展位只能推广整个店铺,不能推广单品。　　　　　　　　　　(　　)

(7)所有卖家都可购买钻石展位。　　　　　　　　　　　　　　　　　(　　)

(8)中小卖家开通直通车不适宜争夺热门关键词。　　　　　　　　　　(　　)

(9)"百度知道"的搜索模式是用户自己有针对性地提出问题,通过积分奖励机制发动其他用户来解决该问题。　　　　　　　　　　　　　　　　　　　　　　(　　)

(10)微信具有很强的即时性。　　　　　　　　　　　　　　　　　　(　　)

3.简述题

(1)钻石展位的位置有哪些?

(2)简述利用好百度平台推广店铺的技巧。

项目 2
项目检测答案

4.实操训练题

(1)对淘宝店铺内的热销宝贝发布图文搭配。

(2)在淘宝店内选择其中两件热销的产品设置淘宝客推广计划。

项目 3
接待客户

▢ 项目综述

"双十一"快到了，陈欣和其他几位实习客服要开始接待客户了。客服主管刘莉要求：第一，每个实习客服必须能熟练操作千牛工作台，这能最大限度地提高客服的工作效率；第二，由于"双十一"客户咨询量明显增多，客服必须按照统一规范的接待客户流程进行工作，只有按照这一接待流程进行客户接待，养成严谨的工作作风，使接待服务更加规范和专业，才能成为一名合格的网络客服；第三，为了更好地应对"双十一"，有经验的售前客服整理了一份《"双十一"接待话术手册》，便于全体售前客服统一使用。

本项目是基于客服主管刘莉的以上要求，对客服进行接待客户的训练。因此，本项目包括使用网络工具、训练接待流程及设计接待话术3个任务。

▢ 项目目标

通过本项目的学习，应达到的具体目标如下：

知识目标
◇了解千牛工作台的功能；
◇熟悉客户接待的规范流程；
◇掌握接待话术的要求。

技能目标
◇能熟练操作千牛工作台，包括个性化设置、快捷短语与机器人设置、客户分组等功能；
◇能基本按照"热情问好—回答咨询—促成交易—核实告别"的流程进行客户接待；
◇能按照话术要求设计接待话术。

素质目标
◇培养热情、耐心对待客户的工作态度；
◇树立服务意识；
◇培养爱岗敬业的专业精神。

项目思维导图

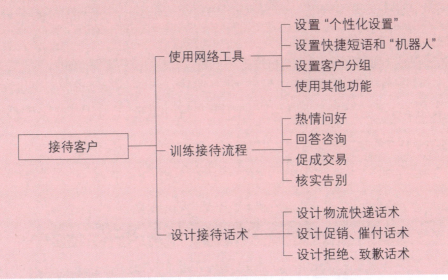

接待客户
├─ 使用网络工具
│ ├─ 设置 "个性化设置"
│ ├─ 设置快捷短语和 "机器人"
│ ├─ 设置客户分组
│ └─ 使用其他功能
├─ 训练接待流程
│ ├─ 热情问好
│ ├─ 回答咨询
│ ├─ 促成交易
│ └─ 核实告别
└─ 设计接待话术
   ├─ 设计物流快递话术
   ├─ 设计促销、催付话术
   └─ 设计拒绝、致歉话术

》》》》》》 任务1
使用网络工具

情境设计

"双十一" 快到了，陈欣和其他几位实习客服很快就要开始客服工作了。在晨会上，客服主管刘莉提出：每个实习客服必须熟练掌握千牛工作台的使用方法。熟练掌握千牛工作台不仅是客服的工作要求，也能在很大程度上提高客服的工作效率。

任务分解

本任务需要我们熟练掌握千牛工作台的使用方法。利用千牛工作台，客服人员可以进行多项工作，故将本任务分解为设置 "个性化设置"、设置快捷短语和 "机器人"、设置客户分组以及使用其他功能4个活动。

任务实施

活动1 设置 "个性化设置"

活动背景

千牛工作台的个性化设置主要是指签名档的个性化设置。个性化设置非常重要，买家在打开对话框时就能看到签名档，是客服工作给买家的第一印象。为了给彼此的交流留下不错的印象，陈欣非常重视个性化设置，设计了几种个性化设置的语句，供不同时期选择使用。

活动实施

签名档的内容要抓住重点，可以包含对买家的欢迎、店铺简介、店铺促销信息，除此之外，也可以加入店铺其他信息，例如，店铺变动信息、选择的物流公司等。但是签名档的信息一定要真实、可信，不可夸大其词。具体操作如下：单击千牛工作台左下角"更多"图标中的"系统设置"，在显示的"个性签名"中"新增"个性签名。

1.欢迎式个性签名

个性签名可以对买家表示欢迎，这种类型的个性签名简洁明了，重点突出，可迅速拉近与客户的距离。

［例3.1.1］ 设置对买家表示欢迎的个性签名，如图3.1.1所示。

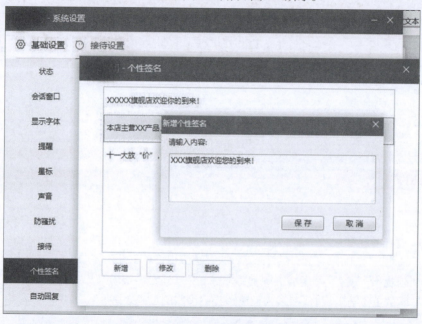

图3.1.1 设置对买家表示欢迎的个性签名

实 训

请设计两则对买家表示欢迎的个性签名。

2.店铺简介式的个性签名

在个性签名上除了可以对买家表示欢迎外,还可适当加入对店铺的简介,这种方法可将店铺直接介绍给客户,同时也可以在个性签名上适当加入店铺的经营理念,使客户对店铺有一个初步的认识,为接下来的沟通打好基础。

[例3.1.2] 设置店铺简介式的个性签名,如图3.1.2所示。

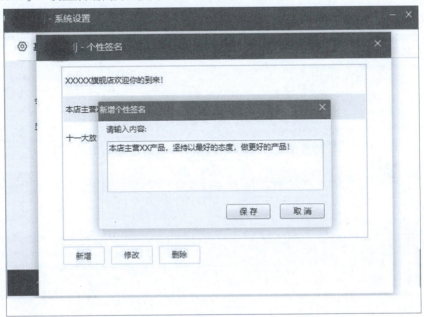

图3.1.2 设置店铺简介式的个性签名

[例3.1.3] 店铺简介式的个性签名。

中国著名品牌,专注××行业××年!

实 训

为本店铺设计两则店铺简介签名档。

3.店铺促销信息

店铺促销信息能快速吸引客户的眼球,并迅速传递店铺促销信息,对促成订单有非常重要的作用,将店铺促销信息加入个性签名档也是常用的一种宣传手段。

［例3.1.4］　设置关于店铺促销信息的个性签名，如图3.1.3所示。

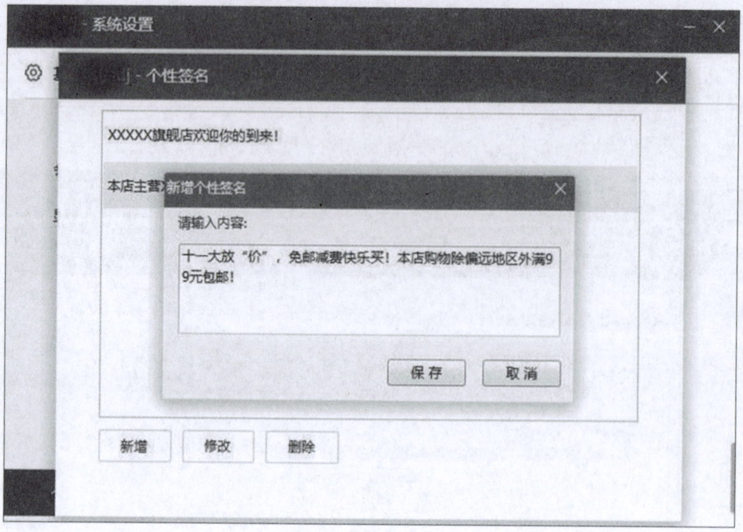

图3.1.3　设置关于店铺促销信息的个性签名

［例3.1.5］　关于店铺促销信息的个性签名。

店铺促销信息
前所未有! 满额换购再包邮, 仅限三天!

实 训

为本店的"双十一"活动设计一则促销信息式的个性签名。

活动小结

通过实训学习, 陈欣为店铺设计了多则个性签名, 供不同时期使用。

活动2　设置快捷短语和"机器人"

活动背景

当多个买家在同一时刻进行咨询时, 客服很难同时在第一时间作出反应, 容易给买家不被重视的感觉, 而快捷短语和机器人设置就能很好地解决这一难题, 不仅提高了服务质量, 也减轻了客服的工作负担。

活动实施

店铺即将迎来"双十一"活动, 咨询量会迎来高峰期, 客服小组必须要掌握千牛工作台快捷短语和"机器人"设置的技巧, 以便更好地为买家提供快速、优质的服务。

［例3.1.6］ 设置快捷短语和自动回复。

如图3.1.4和图3.1.5所示，客服可在客服工作台的对话框中单击框选位置，对快捷短语进行设置。千牛工作台目前默认了4句快捷短语，单击文字可对这4句快捷短语进行编辑。设置时可以参照表3.1.1的快捷短语例句。

图3.1.4 快捷短语设置位置

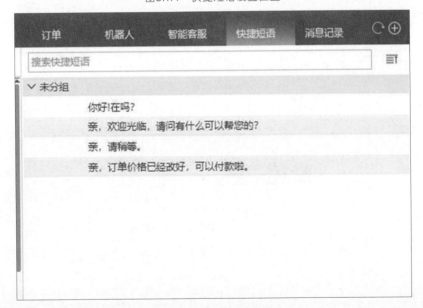

图3.1.5 快捷短语设置

除此之外，客服可在客服工作台"更多"中"系统设置"位置，对"自动回复"进行设置，也可在此页面设置关联问题，如图3.1.6和图3.1.7所示。设置时可以参照表3.1.1的快捷短语例句。

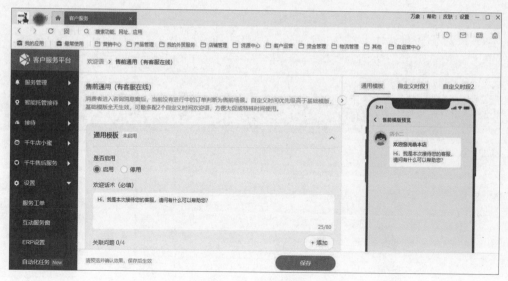

图3.1.6 设置自动回复

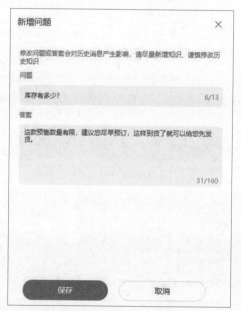

图3.1.7 设置关联问题

表3.1.1 快捷短语和关联问题例句

(1)初步语: 您好, ××店铺欢迎您, 我是客服××, 请问有什么能帮助您?
(2)库存咨询: 这款预售数量有限, 建议您尽早预订, 这样到货后就可以给您先发货。
(3)款式推荐: 亲, 您的眼光真不错, 我本人也很喜欢您选的这款, 很多客户反映效果不错。
(4)质量咨询: 亲, 我们是厂家直接销售, 产品都是自己生产的, 质量严格保证, 这点请您放心!
(5)议价咨询: 亲, 这次活动我们都是亏本卖了, 只为获得您的肯定, 随后价格会上调, 不能再优惠了, 请您谅解。

[例3.1.7] 设置"机器人"。

如图3.1.6所示，客服可在客户服务平台中单击"千牛店小蜜"的"全自动机器人"位置，对机器人进行设置，可对回答的语句进行编辑，以此快速解决更多关于导购、售后、物流等信息的问题，如图3.1.8和图3.1.9所示。

图3.1.8 选择"机器人"服务

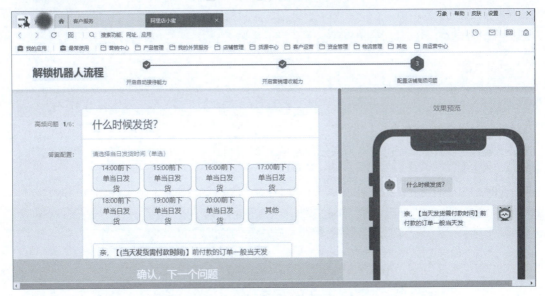

图3.1.9 利用机器人解锁常见问答

实 训

请针对店铺"双十一"的促销活动设置两条快捷短语，分别有关于"邮费说明""促销活动"，同时对"包邮""议价"这个买家容易提出的要求做两条合理的"机器人"回答。

快捷短语	
机器人	

活动小结

快捷短语和"机器人"设置必须建立在对店铺高度熟悉的基础上, 比如, 对买家常咨询的问题、店铺促销信息、售后要求等有非常充分的认识, 客服小组在整理过程中, 付出了很多时间和精力, 但是工作一段时间后, 客服小组成员发现, 快捷短语和机器人设置大大减轻了他们的工作负担, 是一个非常好的工具。我们在工作岗位上, 应时刻紧跟技术的创新, 将能为我所用的创新技术应用于日常工作中, 提升工作效率。

活动3 设置客户分组

活动背景

对于客服而言, 每天要面对很多买家, 当客户多、生意好时, 很难记住每个买家的具体情况, 而几乎所有的买家都希望客服能记住自己, 此时客服只需要充分利用好千牛工作台的客户分组功能即可。合理的客户分组是成功的客户关系管理的重要环节。

活动实施

为了把新客户转化为老客户, 把老客户转化为VIP客户, 新客服小组必须学会对买家进行分组。杂乱无章的买家分组不仅不利于促销信息的恰当传达, 也会招来部分买家的反感。为了更加有效地管理和维护客户分组, 可根据不同店铺的具体情况对买家进行分组。一般而言, 针对买家不同阶段的客服服务重点可以将买家分为咨询订购组、订单待付组、付款发货组、订单成交组、回头客户组等。

[例3.1.8] 在千牛工作台上新增一个"VIP客户组", 可右键单击千牛工作台已有的分组, 单击"新增分组", 输入分组名称, 即可完成分组, 如图3.1.10所示。

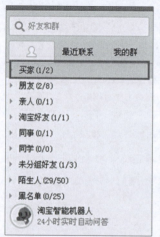 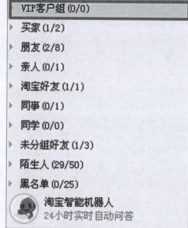

图3.1.10 设置客户分组

为所在的淘宝店铺设置合理的客户分组。

活动小结

陈欣在给买家进行客户分组后，渐渐地发现客户分组这个功能的妙处，不仅能很好地让她建立与买家之间的朋友关系，也能大大增强她面对客户时的信心，让她在客服岗位上更加得心应手。

活动4　使用其他功能

活动背景

千牛工作台的功能繁多，客服必须在使用过程中不断摸索和学习，才能对千牛平台的其他功能有更加全面的了解，从而提高自己的工作效率。

活动实施

为了尽快在店铺"双十一"的促销大战中成为得力战将，客服小组必须对千牛工作台的各项功能更加熟悉，陈欣决定好好研究一下千牛工作台的其他功能。

[例3.1.9]　当买家询问宝贝时，可直接查询店铺内商品的库存情况、属性特征，同时也可以直接发送链接给买家，向买家推荐，大大地提高了聊天效率和客户服务的准确性；还可以查询该买家的足迹，根据买家的足迹对其进行针对性的推销，如图3.1.11所示。

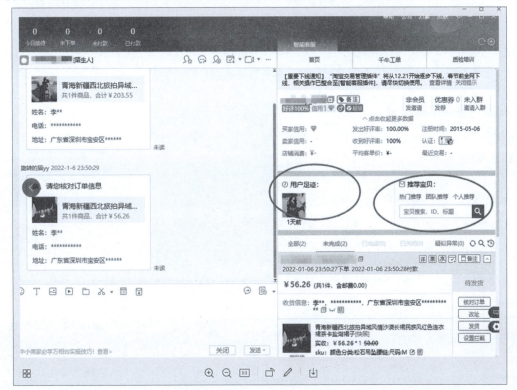

图3.1.11　千牛工作台的相关页面

[例3.1.10] 为了提高售后服务质量，客服还可使用"订单"这一功能，发送买家收货地址、姓名、联系方式等信息，推送后进行核对，如图3.1.12所示。

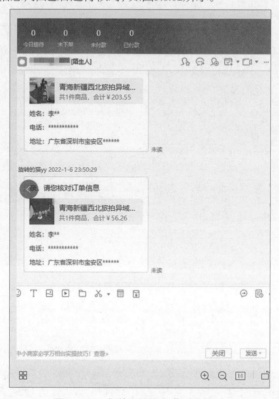

图3.1.12 发送订单信息供买家核对

[例3.1.11] 客服可直接在千牛工作台对产品、店铺、物流进行管理，为客服对店铺的管理提供了很多便利，如图3.1.13所示。

图3.1.13 千牛工作台

实　训

客服小组需要在与买家进行沟通时实训以下内容：

(1) 根据前来咨询的买家"足迹"进行针对性的推销。

(2) 使用"订单"功能，发送买家收货地址、姓名、联系方式等信息，核对买家信息。

(3) 在千牛工作台上对商品进行管理。

(4) 在千牛工作台上进行打单发货。

活动小结

陈欣在学习了千牛工作台的多项功能后，进一步发现了千牛工作台的综合功能；陈欣的客服工作基本在千牛工作台上就可以完成，大大提高了客服的效率。但是，客服主管刘莉也提醒陈欣，千牛工作平台上能获取很多客户个人信息，一定要注意对客户信息进行保密，不能用作其他用途。

>>>>>>> 任务2
训练接待流程

情境设计

　　"双十一"快到了，客户咨询量明显增多。陈欣和其他几位实习客服在今天要开始接待客户了。在晨课上，客服主管刘莉提出：接待客户需按照一定的接待流程进行，这样既可以提高工作效率，也可以尽量减少失误。公司规定了统一、规范的工作流程，这在上岗培训时已明确要求需要熟练掌握。只有按照这一接待流程进行客户接待，养成严谨的工作作风，使接待服务显得更加规范和专业，才能成为一名合格的网络客服。

　　陈欣很快熟悉了接待流程，在心里演练了一遍又一遍：热情问好→回答咨询→促成交易→核实告别。就是不知道自己在真正面对客户时，会不会手忙脚乱。她知道按流程接待客户是实习客服转正的考核内容之一，因此她必须让自己一步一步规范地接待客户。

任务分解

　　按照公司规定的统一规范工作流程进行客户服务，能有效地提高工作效率，同时也可以减少失误。因此，本任务可分解为热情问好、回答咨询、促成交易、核实告别4个活动。

任务实施

活动1　热情问好

活动背景

客服与客户交流的第一印象特别重要，因此，在不见面交流的网络中，客服的第一句话影响客户对该客服的第一印象，甚至影响对店铺的第一印象。陈欣觉得，这就好比在日常生活中与人打招呼，在不同的时间、不同的场合、不同的对象的问候会有所不同。所以，陈欣设计了几种问候语以备做好接待的第一步。

活动实施

当客户发出沟通信号时，客服必须在10 s内有所反馈。问候语要热情，并向买家表示欢迎。除此之外，内容还可以加入自己的名字（或客服编号）、促销信息以及恰当的表情等。

1.使用"标准欢迎语"迎接客户

标准欢迎语较为简单，可以是简洁的欢迎词，也可以加上自己的名字（昵称）以拉近与客户的距离。使用这种欢迎语能让客户感觉该客服干脆利落，直入主题，对于一些利用零碎时间购物的客户来说非常受用。

［例3.2.1］ 标准欢迎语一。

客户：你好。
客服（10 s内反应）：亲，您好！请问有什么可以帮到您？

［例3.2.2］ 标准欢迎语二。

客户：在吗？
客服（10 s内反应）：亲，您好！欢迎光临×××旗舰店（店铺全名），我是客服小可，很高兴为您服务。

实 训

请设计三则标准欢迎语。

客户：在吗？
客服1：
客服2：
客服3：

2.大促时使用"促销送达语"迎接客户

促销送达语包含了店铺正在进行的促销活动信息。作为欢迎语，促销送达语能第一时间向客户清晰传达促销信息，既起到促销的作用，又不会让客户反感。因此，欢迎问候时，很多店铺都喜欢采用快捷回复促销送达语的方式。特别是在大型促销活动期间，促销送达语就成了热情问好的不二选择。

　　[例3.2.3]　促销送达语一。

客户: 在吗?
客服(快捷回复): 亲, 您好! "双十一"来啦! 全场五折, 还可以参加跨店满200减20。凡在我店购买都送精美小礼品, 数量有限, 先抢先得。

　　[例3.2.4]　促销送达语二。

客户: 你好!
客服(快捷回复): 亲, 您好! 有什么可以帮到您? 主打款推荐:【包邮】丈母娘指定挂件原价538元聚划算特价248元, 下单有赠品相送。

实　训

为本商城设计两则"双十一"促销送达语。

客户: 在吗?
客服1:
客服2:

3.如不能及时回复时, 可使用"等候致歉语"迎接客户

　　进行大型促销活动时, 客户咨询量通常会激增, 客服经常忙不过来; 又或者客服有急事不在计算机旁, 其间无法接待客户。如果因该原因让某些客户等候超过3 min, 就会造成客源流失, 甚至可能带来客户不满, 结果得不偿失。所以, 面对这种情形, 通常需要设置等候致歉语, 向客户解释不能及时回复的原因, 请客户耐心等待, 尽量减少客户等候带来的危害。

　　等候致歉语的内容一般包括解释等候的原因、向客户致歉、提请耐心等待。另外, 还可引导客户自助购物。

　　[例3.2.5]　等候致歉语一。

客户: 你好!
客服(快捷回复): 亲, 您好! 由于现在咨询问题的人数较多, 我正在按咨询顺序一一处理。为了节省您的时间, 请自助购物, 能拍下的都是有货的。或者您可以把您的问题留言告诉我们, 等会儿第一时间回复您。谢谢您的等待和理解。

[例3.2.6] 等候致歉语二。

客户: 你好!
客服(快捷回复): 亲, 您好! 当您收到这条信息时, 我有可能不在计算机旁, 可直接留言您的问题, 稍后回来一定第一时间回复处理, 给您带来了不便, 望见谅。

实 训

为本店的"双十一"活动设计一则等候致歉语。

客户: 你好!
客服(快捷回复):

活动小结

陈欣根据不同的时间、场合、对象设置了多则问候语, 在接待客户时, 果然顺利迈出了第一步, 给客户留下了良好的第一印象。

活动2 回答咨询

活动背景

在热情问好后, 客服要合理回答买家的任何问题, 为买家提供真实可靠的商品信息及服务承诺。同时, 还要了解买家相关信息, 给予个性化的解答。

活动实施

针对店铺正在进行的"双十一"活动, 售前客服小组应预先准备一个热门产品常见问题解答, 把一些客户经常会关注的问题集录成册, 下发到每一个在线客服手中。

使用《××产品FAQ手册》可以使客服人员尽快进入工作状态, 在遇到问题时不要紧张。客服人员根据常见问答的内容来回复客户, 可以保证店铺内所有在线接待人员对同一问题的答复保持口径一致。

🗒 知识窗

> FAQ是Frequently Asked Questions的缩写, 意思是"经常问到的问题"。那么《FAQ手册》也可以翻译成《常见问题解答集》。

[例3.2.7] 店铺热卖商品——儿童房灯饰, 如图3.2.1所示。

商品基本信息: 儿童卧室LED吸顶灯, 原价400元, 优惠价319.55元。有蓝色和粉色两种颜色, 高47 cm、长70 cm、宽40 cm, 共5个灯源, 3C认证, 安全可靠。护眼LED调色, 遥控三色分段, 分别为白光、暖光和中性光。不频闪不伤眼, 柔光更护眼。可遥控选择3种模式, 分别为延迟15 s关灯模式、常亮模式、小夜灯模式, 儿童读书、睡觉可以选择合适的光源。

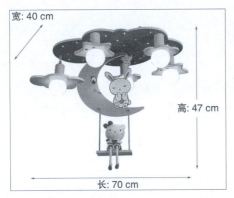

图3.2.1 店铺热卖商品——儿童房灯饰

客户: 护眼LED调色是什么意思?
客服: 亲, 光源是可调色灯泡, 一只灯泡有3种光, 分别是白光、暖光和中性光。
客户: 遥控容易坏吗?
客服: 亲, 放心哦! 我们所有产品自购买之日起, 以交易记录为准质保两年: 第一年有任何质量问题我们免费为您作配件更换, 来回运费由我们承担; 第二年保修, 买家和卖家各承担一半运费, 配件费用由我们承担(人为损坏、安装不当不在保修范围内, 请亲谅解)! 感谢您对我们的真心支持和信任! 如您在购物到货后或使用中有任何问题, 都可以随时联系我们, 我们一定及时为您处理。

实 训

3人一组, 其中2人扮演客户, 1人扮演客服, 针对以上商品(或其他指定商品)进行销售咨询, 并根据表3.2.1制作《儿童灯FAQ手册》。

表3.2.1 儿童灯FAQ手册

分　类	问　答	
关于商品信息搭配推荐	问:	
	答:	
	问:	
	答:	
	问:	
	答:	

续表

分　类	问　答
关于物流、邮费、发货时间	问：
	答：
	问：
	答：
	问：
	答：
关于退换货	问：
	答：
	问：
	答：
	问：
	答：
关于价格	问：
	答：
	问：
	答：
	问：
	答：

续表

分　类	问　答
关于付款方式	问：
	答：
	问：
	答：
	问：
	答：

活动小结

客服主管提前发了《FAQ手册》，陈欣遇到不会的问题就先在手册里查找，找不到再问客服主管，同时在自己的手册里补充问题。等到交班时，把手册提交给客服主管进行统一补充。慢慢地，陈欣对手册的使用越来越得心应手了。

活动3　促成交易

活动背景

在客户对宝贝没有什么疑问之后，客服可以灵活地向客户介绍搭配方法，推荐关联商品，及时引导客户拍下商品并付款，促成交易。

活动实施

不是所有的客户在咨询完商品信息后都会买下商品，他可能同时跟几个类似商品的店铺客服进行沟通。作为客服，如果能在客户正在做决定时给他恰当的建议与引导，或者哪怕是比别家客服多一点热情，那么在这个商品同质化严重的市场上，往往更容易获得订单。因此，在客户接待的第三阶段，客服需要及时引导客户拍下商品并付款，促成交易。

促成交易可分为简单提醒和关联销售两种。

1.首先简单提醒客户拍下商品

简单提醒就是在客户问了一些关于商品的问题后，如果客户有3 min的停顿，那么就可以善意地提醒客户拍下商品，给出店铺的服务承诺、质量保证等刺激下单。以热情的服务感动客户，让客户不再犹豫拍下商品。

［例3.2.8］　简单提醒语一。

客服：亲，如果没有什么疑问，就可以拍下宝贝哦。我们将在您付款后第一时间为您发货，并提供7天无理由退换货服务。本次大促的价格真的非常实惠，赠品也很给力，亲，不要错过哦。

[例3.2.9]　简单提醒语二。

> 客服: 亲, 您选中的商品正在参与活动, 购买前500名还可以参加免单抽奖, 如需购买, 请尽早下单。

实 训

为"活动2　回答咨询"中的儿童房灯饰设计三则简单提醒语。

| |
| |
| |
| |

2.使用"关联销售"推荐关联商品, 提高客单价

关联销售是指为客户推荐与客户挑选商品相关联的商品, 包括互补商品、替代商品及其他关联商品。我们在这里使用的主要是互补商品的推荐。其实, 恰当地使用互补关联销售, 除了可提高客单价, 还可促成交易。有些商品需要搭配使用, 如灯具和灯泡、上衣和裤子、餐桌和餐椅等, 在这些商品的销售后期进行搭配推荐往往成功率较高。而且, 有些客户为了节省运费及方便搭配, 更喜欢在一家店铺购买一整套商品。在这样的消费心理下, 互补关联销售有利于交易的促成。但是, 关联销售也有可能引起消费者的反感。因此, 切忌盲目推荐和大量推荐。搭配推荐要对症下药, 针对客户的个性、需求进行推荐。

🗒 知识窗

关联销售可分为互补关联、替代关联和潜在关联。例如, 灯具和灯泡为互补关联; 圆领 T 恤和 V 领 T 恤为替代关联; 泳衣和防晒霜为潜在关联。

🗒 想一想

你能分别举一些互补关联、替代关联和潜在关联产品的例子吗?

[例3.2.10]　关联销售语一。

> 客服: 亲, 您看好的这款灯饰是不包括光源的, 它需要搭配8个E14灯泡。本店也有相同品牌的灯泡销售, 亲, 您需要吗?
> 客户: 好, 我看看。
> 客服: 亲, 我给您发个链接吧, 有需要的话就可以和灯饰一起拍下。要8个灯泡哦。

[例3.2.11]　关联销售语二。

> 客服: 亲, 您看的这款美衣搭配短裤特别好看。本店特别推荐两款短裤搭配。如有需要, 套装购买更便宜。
> 客户: 哦, 不用了。
> 客服: 没关系, 亲, 您可以拍下这款美衣。我们尽快把美衣送到您的手上, 让您在这个夏天美美哒。

实　训

为"活动2　回答咨询"中的儿童房灯饰设计两则关联推荐语。

1.客服:

客户: 好的。

客服:

2.客服:

客户: 不用了。

客服:

活动小结

陈欣发现促成交易这一阶段真的非常重要。在她适时积极地引导客户拍下宝贝的情况下,她的转化率提高了不少。渐渐地,陈欣还学会了选择一些客户进行关联销售,客单价有了明显的提高。

活动4　核实告别

活动背景

核实告别是整个接待流程不可或缺的一个阶段。无论是咨询过的客户还是自助购物的客户,陈欣在后台看到订单付款后就要马上通过即时通信工具联系该客户,核实订单内容及收货地址,最后礼貌告别。

活动实施

无论是咨询过的客户还是自助购物的客户,客服都需要跟客户核实订单内容及收货地址,有时还需要核对备注信息。告别的内容主要包括两个方面:一是尽量争取客户收货后的好评;二是建议买家收藏店铺,以便不错过后期的优惠活动。

［例3.2.12］ 核实告别语。

> 客服: 亲, 您好。请核对您的订单信息及收货地址: ……
>
> 客户: 错了, 我的收货地址不是这个, 我在备注里给你写了。
>
> 客服: 好的, 亲, 我看到了, 是这个吗? ……
>
> 客户: 是的。
>
> 客服: 好的, 亲, 感谢您购买我们的商品。如您对本商品满意, 请给5分好评, 它对我们非常重要, 谢谢。如您收到货物后, 有任何问题, 在评价前请及时联系我们, 我们会竭诚为您服务。欢迎收藏本店铺, 关注本店活动。再次谢谢您的惠顾, 祝您生活愉快!

实 训

为"活动2 回答咨询"中的儿童房灯饰设计一则核实告别语。

> 客服:

活动小结

陈欣有一次忘记核实一位自助购物客户的订单, 结果导致没有按备注要求的颜色发货, 客户给了差评。后来几经波折才解决了这个问题。自此之后, 陈欣对每个订单都认真核实、礼貌告别, 尽量减少出错率。

术业有专攻, 行行出状元, 对每一次的失误做好反思, 追求提高技能, 热爱钻研技能, 厚植工匠精神, 这样才能在工作中不断成长。

合作实训

4人一组, 其中3人扮演客户, 购买3种不同的商品, 1人扮演客服, 同时接待3名客户。要求客服要根据接待流程完成一次接待。4人轮流扮演客服。

>>>>>> **任务3**
设计接待话术

情境设计

> 为了更好地应对"双十一"活动，客服主管刘莉让小徐、小李、小冯等去年参与过"双十一"活动的售前客服整理一份《"双十一"接待话术手册》，便于全体售前客服统一使用。刘莉认为，使用《"双十一"接待话术手册》能给予客服最直接的指导，大大提高了客服接待的效率。此外，统一话术还能在某些关键销售政策上统一口径，减少客服的出错率，让客户感受到客服团队的规范化和专业性，更加放心购买。
>
> 刘莉说："《"双十一"接待话术手册》里的话术不要求多只要求精，要求每条话术用语专业、准确、礼貌、亲切，并能发挥上述作用。"

任务分解

> 小徐、小李、小冯接到设计《"双十一"接待话术手册》的任务后，立即进行讨论。讨论刚开始，他们简单列出了很多条话术。但是如果简单集结成册，则显得凌乱且难以被其他客服使用。后来，她们总结了三大类型：物流快递话术，促销催付话术，拒绝、致歉话术。她们约定每人整理一个类型的话术，然后再集合讨论修改。
>
> 据此，本任务可分解为设计物流快递话术，设计促销、催付话术，设计拒绝、致歉话术3个活动。

任务实施

活动1　设计物流快递话术

活动背景

因为小徐做过售后客服，所以由她负责设计与物流快递相关的话术。物流快递的问题几乎每个咨询的客户都会问，即使一些习惯自助购物的客户也可能因运费问题需要咨询客服。因此，为了达到提高客服效率的目的，关于物流快递的话术必然是《"双十一"接待话术手册》的第一部分。

活动实施

客户关于物流快递的问题大部分涉及以下内容：快递选择、包邮政策、发货时间等。

因此，在设计该类型的话术时，要写明使用的快递名、包邮地区、不包邮地区、更换快递需补差价等。大型活动时，由于发货量大，发货时间必须谨慎承诺。如果店铺参加了"闪电发货""48 h及时发货"等活动时，可以给予相应承诺，并尽量按照承诺发货。

［例3.3.1］ 物流快递说明语一。

> 亲，本产品参加全国包邮活动，但港澳台地区及海外不包邮。产品详情页里有详细的说明，不包邮地区及非指定快递是需要补邮费的，请您根据自己的情况来拍。

［例3.3.2］ 物流快递说明语二。

> 亲，由于"双十一"活动发货量大，我们的订单将在7天内按照订单付款顺序尽快安排发货，请亲谅解。

［例3.3.3］ 物流快递说明语三。

> 温馨提醒：亲，"双十一"活动期间，本店将按照订单收货地址发货，不接受备注地址以及修改地址，请在拍下宝贝时注意您的默认收货地址，谢谢配合。

实 训

设计五则关于物流快递的话术，注意用语专业、礼貌、准确和亲切。

1.
2.
3.
4.
5.

活动小结

因为店铺在进行促销活动时可能会修改物流快递的政策，所以根据活动规则设计关于物流快递话术非常重要。同时，设计统一话术也便于其他客服人员尽快熟悉新的物流快递政策。

活动2　设计促销、催付话术

活动背景

小李负责设计促销、催付话术。她琢磨了一下，促销和催付都是为了提高客单价的手段，需要客服更加谨慎发言。如果没有设计好的话术，在接待量大的情况下，客服很可能会说错话，引起客户的反感，从而错失销售机会。因此，促销、催付话术需要使用活泼生动的语言表达。

活动实施

（1）为配合店铺促销活动，客服需要每天根据店铺促销活动设计好"促销话术"。

促销话术经常用于签名档的个性化设置或者客户打开对话框的第一条弹出信息中，有时还出现在关联销售阶段。如店铺推出了较大型的促销活动，可以用简洁的话语描述优惠活动，同时配上生动活泼的口号式语句来设计该促销话术。

［例3.3.4］　促销活动介绍语。

> 亲，劲爆"双十一"，惠购全城，快来抢购。本店推出满减活动，满 199 元立减 10 元，满 299 元立减 20 元，还有 5 元无门槛优惠券等你来领哟。快快行动吧！

在平时，店铺并没有推出大型促销活动，也可在客户咨询完某商品后，向客户推荐促销单品，如以下"爆款"商品的话术，以促进关联销售，这种话术一般包括购买链接以及简洁的卖点描述。

［例3.3.5］　"爆款"商品介绍语。

> 亲，向您推荐本店爆款——活泼可爱的儿童灯。爸爸妈妈再也不用担心我睡觉害怕啦！走过路过千万不要错过哦！

实　训

设计促销话术四则。

1.
2.
3.
4.

（2）为了提高客服转化率，客服还需要设计好"催付话术"，往往有不错的效果。

催付话术也称为催单话术，一般用于客户下单后迟迟未付款时，一般超过15 min未付款即可在千牛工作台向客户发出，有时还可通过短信发出。因为催付容易引起客户反感，催付话术切忌带否定语义（如不能直接说"您还未付款"），且只能发送一次。

［例3.3.6］　催付话术一。

> 亲，恭喜您已经在我店成功拍下宝贝，我们已经备好货，在您付款之后，会尽快为您安排发出。

［例3.3.7］　催付话术二。

> 亲，目前您拍下的宝贝还有货，此款宝贝正在热销中，可能很快就没货了。如果您喜欢这款宝贝的话请尽快付款哦。

实 训

设计催付话术四则。

1.
2.
3.
4.

活动小结

小李用了活泼生动的语言设计促销、催付话术，经大家讨论后，给予她一致的肯定。

刘莉说："我们在工作的过程中，要密切关注行业、产业前沿知识和技术进展，不断扩充知识领域'蓄水池'。立足岗位、脚踏实地，干一行爱一行、钻一行精一行，以勤学长知识、以苦练精技术、以创新求突破。"

活动3　设计拒绝、致歉话术

活动背景

小冯负责设计拒绝、致歉话术。对于卖家来说，客户就是上帝，不能轻易对客户说"不"。但是面对客户的一些要求，确实不能满足，也是可以拒绝的。因此，拒绝和致歉往往在一起，尽量弱化拒绝给客户带来的不良感受。

活动实施

（1）面对客户的议价行为，可以使用预先设计的"拒绝议价话术"，统一客服间的口径，尽量不引起客户的反感。

议价常常发生，但为了规范价格，很多店铺都采用一口价，客服一般没有降价权限。

> 客户：你好，这个商品可否便宜点？
>
> 客服：亲，真的不好意思，您选择的宝贝正在参加"双十一"活动，是本年度最低价了，您可以参加本店的满减活动，获得更大的优惠。亲，还有什么需要，我都可以为您介绍。

（2）面对一些可疑的客户，要使用"拒绝泄露客户信息话术"予以拒绝透露其他客户信息。

有些骗子了解到了部分订单信息，通过其他账号与客服联系，想骗取更多的信息，以实施诈骗。客服要提高警惕，拒绝泄露客户信息。

> 客户：你好，我购买的商品怎么还没到？
>
> 客服：您好，亲，经查询没有看到您购买了我家商品呢？
>
> 客户：哦，我用的是××账号。我的发货地址是什么来着？我查不到，你能帮我查查吗？
>
> 客服：亲，本店只能用拍下宝贝的账户来咨询订单信息哦，您尽快换回您的账号吧，我会第一时间给您答复的。祝您生活愉快！

（3）设计"拒绝赠品"话术。

由于活动期间发货量大，在店铺没有统一安排赠品的情况下，为了避免疏忽漏发，客服最好不要答应送额外赠品。

> 客户：我化妆品买了挺多的，有小样赠送吗？
>
> 客服：亲，真的不好意思。"双十一"活动空前优惠，发货量大，都来不及送赠品，请您谅解。您下次购买时可提醒我，我再给您送赠品。

实　训

设计拒绝、致歉话术四则。

1.

2.
3.
4.

活动小结

客户是上帝,不能向客户说"不"!因此,拒绝时需要委婉拒绝,不能生硬、直接。合作实训3人一组,每人负责一个类型的话术设计,最后结合"任务2 训练接待流程"中的话术整理出《"双十一"接待话术手册》。

项目检测

1.单项选择题

(1)淘宝客服使用的工作平台是( )。

    A.阿里旺旺　　　　　B.QQ　　　　　　　C.千牛工作台　　　D.千牛客服平台

(2)下列选项中,哪项千牛工作台的设置可以帮助客服更好地为买家提供快速、优质的服务?( )

    A.设置签名档　　　　　　　　　　B.设置快捷短语

    C.设置用户信息　　　　　　　　　D.设置客户分组

(3)客服使用千牛工作台中的"订单"功能时,可以做到( )。

    A.根据买家的足迹对他进行针对性的推销

    B.发送买家收货地址、姓名、联系方式等信息,推送出去后进行核对

    C.查询店铺内商品的库存情况、属性特征

    D.可直接发送链接给买家,向买家推荐

(4)第一印象特别重要,因此,在不见面交流的网络中,客服的第一句话影响着客户对该客服的第一印象,在以下哪个接待阶段最影响客户对店铺的第一印象?( )

    A.热情问好　　　　　　　　　　　B.回答咨询

    C.促成交易　　　　　　　　　　　D.核实告别

(5)以下哪对商品的关联关系属于互补关联?( )

    A.灯具—灯泡　　　　　　　　　　B.白衬衣—蓝衬衣

    C.尿布—啤酒　　　　　　　　　　D.泳衣—防晒霜

2.多项选择题

(1)千牛工作台的签名档内容要抓住重点,可以包含以下哪些信息?(　　　　)

　　A.店铺简介　　　　　　　　　　　　B.店铺促销信息

　　C.欢迎信息　　　　　　　　　　　　D.物流快递信息

(2)当买家询问宝贝时,可通过千牛工作台的功能,完成(　　　　)。

　　A.查询店铺内商品的库存情况、属性特征

　　B.可以直接发送链接给买家

　　C.查询该买家的足迹,可根据买家的足迹对他进行针对性的推销

　　D.发布商品信息,修改商品描述

(3)客服热情问好时可以使用哪些话术?(　　　　)

　　A.标准欢迎语　　　　　　　　　　　B.促销送达语

　　C.等候致歉语　　　　　　　　　　　D.简单提醒语

(4)关联销售一般有哪几种关联?(　　　　)

　　A.互补关联　　　　B.替代关联　　　　C.潜在关联　　　　D.热销关联

(5)核实告别语中的内容主要包括哪些方面的信息?(　　　　)

　　A.尽量争取客户收货后的好评

　　B.建议买家收藏店铺,以便不错过后期的优惠活动

　　C.核实买家收货地址

　　D.核对买家备注信息

3.实训练习

(1)为迎接"双十一",新美鞋店的客服小可要准备几句欢迎词。请帮小可撰写两句简洁的欢迎词。

(2)在淘宝网寻找3种不同的促销方法,并为其设计促销话术。

项目 3
项目检测答案

项目 4
处理订单

▢ 项目综述

在客服陈组长的指导下，经过陈欣和其他几位实习客服的接待，感觉有客户愿意购买，于是便适时地促成交易，客户开始下单了。这意味着客服在线服务流程到了订单处理阶段，客服需要对客户下的订单进行处理，如修改商品价格和邮费，选择适当的物流公司发货，还要在后台进行订单备注、订单合并等操作。面向客户也要做到有头有尾，跟客户进行订单确认，协助客户完成网上支付，对已经购买完成的客户作出评价。

围绕订单的处理，本项目包括接收、处理客户订单，打包发货，跟踪订单发货状态3个任务。

▢ 项目目标

通过本项目的学习，应达到的具体目标如下：

知识目标
◇熟悉订单简单处理，如修改邮费、商品价格修改；
◇认识常见的物流、快递公司；
◇熟练填写发货单。

技能目标
◇熟练操作网站的工作平台；
◇学会根据快递公司运费表核算运费；
◇学会选择恰当的包装材料进行商品包装；
◇能够通过网络跟踪货物运输状态。

素质目标
◇培养客服人员真诚、礼貌待客的态度；
◇培养客服人员认真细致的工作态度；
◇培养客服人员团队合作的工作意识。

□ **项目思维导图**

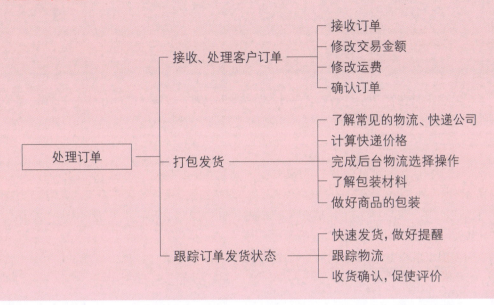

>>>>>> 任务1
接收、处理客户订单

情境设计

陈欣和其他几位实习客服，对待工作兢兢业业，在刚刚结束的"双十一"导购中接待人数排名第一，已经开始有订单，转化率也很高。在订单接收、处理阶段，必须进入后台处理。客户在下订单之后向客服提出是否包邮的问题。当客服发现客户的订单满足包邮条件时，客服应如何处理？

陈欣面对自己售出的一单商品，心里十分高兴。正要关掉与客户的对话框时，被客服陈组长看到后，连忙制止陈欣的举动：你必须跟客户确认订单，并且与客户有礼貌地告别。

任务分解

在订单处理阶段，首先要进入后台查看是否有客户下单？客服可以在后台看到订单状态。客户下单后，有哪些要求？例如，客户是否要求免邮、是否要求优惠价格等。这时客服可以查看客户的订单状态，是否满足优惠条件，给予客户免邮或者给予商品价格优惠。最后，为了防止产生售后纠纷，维护公司的利益，客服人员必须和客户进行订单确认。

本任务可分解为接收订单、修改交易金额、修改运费和确认订单4个活动。

任务实施

活动1　接收订单

活动背景

陈欣在多次接待客户后，了解到客户对本公司的网站进行了商品挑选并提交了订单。系统后台显示"买家已下单"并完成付款，需要对订单的数据信息进行确认。

活动实施

买家拍下您店铺的宝贝后，在"卖家中心"→"已卖出的宝贝"页面会生成交易订单，如图4.1.1所示；也可到"我的淘宝"→"账户管理"→"网站提醒"页面设置消息订阅，勾选"成交记录"，及时通过阿里旺旺、站内信、邮箱等方式提醒您，如图4.1.2所示，可以及时查看到您店铺中宝贝卖出的情况。

在订单跟进过程中，客服人员需养成及时反馈及沟通的习惯。客户发出的信息都能得到你的反馈，这样才可以让客户放心。

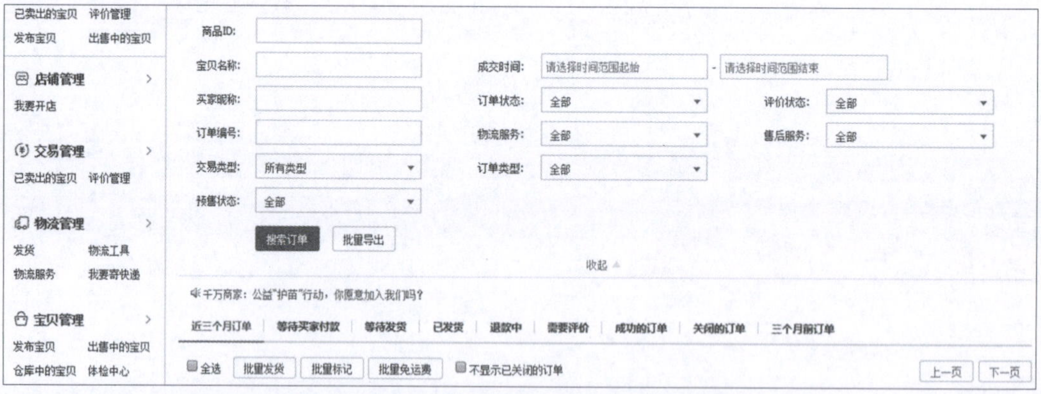

图4.1.1　交易订单

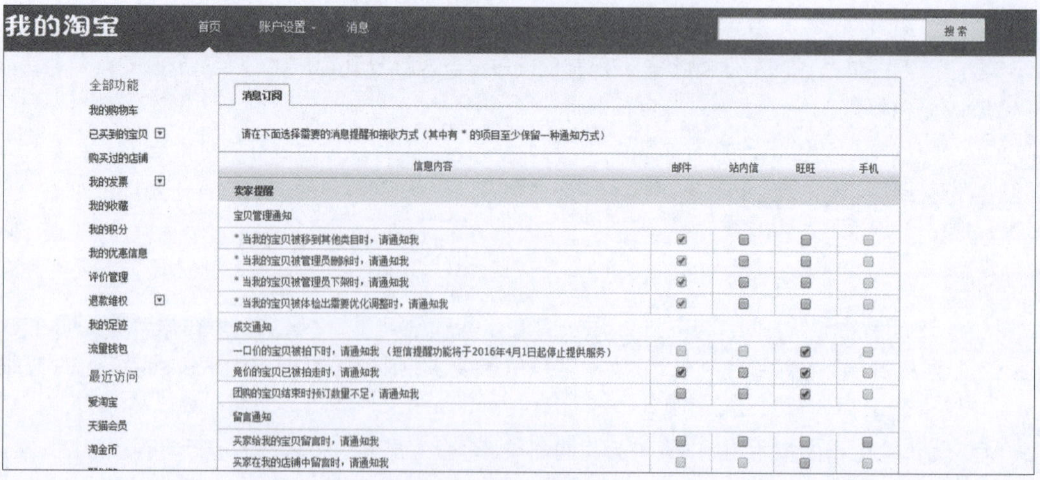

图4.1.2　"网站提醒"设置

实　训

登录淘宝网页版界面，或者在千牛工作台中查看已卖出的宝贝，核对交易信息。

在订单处理过程中要遵守《中华人民共和国电子商务法》《中华人民共和国信息安全法》等法律法规，增强电子商务法律意识，不仅要维护作为卖家的利益更要保护消费者的合法权益，共同打造健康的电子商务环境。

活动小结

陈欣登录淘宝后，可以在卖家中心查询到客户下单的情况，还可以通过"网站提醒"页面设置，勾选成交记录，即时通过阿里旺旺、站内信、邮箱等方式了解客户的下单情况。通过实习，掌握订单的接收方法。

🗒 知识窗

订单处理流程

订单处理流程主要有两个方面的内容：订单处理类型和订单处理核心环节。

一、订单处理类型

从支付以及配送的角度，我们可以将订单的处理划分为3种类型：第三方平台付款订单、货到付款订单以及款到发货订单。

1.第三方平台付款订单

客户把货款打入第三方平台的账户，第三方平台通知卖家，卖家确认订单信息并发货，客户确认收货，第三方平台把货款打入卖家账户。

2.货到付款订单

客户要求与商城进行一手交钱一手交货，面对面的交易；一般都是客户在商城提交订单后，由平台线下送货上门之后收款。

3.款到发货订单

商城需要确认收到用户的付款后才进行送货，例如，采取邮局汇款、银行电汇等，更多的是网银在线支付。

二、订单处理核心环节

订单处理流程，主要体现在以下5个环节：

1.用户下单

用户下单是指前台客户即会员浏览商城网站进行商品的挑选并提交订单。系统提供在一定的时间范围内（即在会员订单提交至后台管理员还未对订单进行确认操作这段时间内）允许会员自行修改、取消自己的订单。

2.确认订单

会员订单提交到商城系统后，客服对订单的数据信息进行确认，确认方式主要通过即时通信工具或电话联系会员进行。确认内容主要包括会员填写的收货地址是否真实有效、商品配送相关情况等。另外，如果付款方式为第一种或第二种，财务人员要在系统后台或银行账户确定货款信息，以便判定是否有效。系统提供管理员对订单进行确认有效或无效的操作处理，无效的订单管理员可以直接取消。会员订单如果已经进行确认，将不能再进行修改。

3.分配订单

订单进行确认有效后，商城管理员将分配订单到物流配送部门或人员进行备货、出货的处理。订单的配送是通过线下进行的。商城管理员根据线下的配送情况修改商城网上订单的配送状态进行标识。

4.订单收款

订单收款环节主要是根据货到付款和款到发货两种类型进行处理的。

收款情况一般是通过财务人员对确认有效的订单进行货款情况确认，如果是货到付款的订单，财务人员将根据配送人员的反馈进行修改订单的收款状态，如果是款到发货的订单，财务人员可以通过邮局的汇款情况、银行账号的到账情况进行确认订单的收款状态。

订单收款的环节在整个订单处理流程中是一个独立的环节，它不依赖于其他任何环节，只要是确认有效的订单，财务人员即可对其收款情况进行跟踪处理。

5.商品发货

商品发货是在确认订单准确无误后，根据货款的支付情况，配送商品的过程。系统提供商城管理员进行网上会员订单出货情况的标识修改，在商城系统中可将订单的处理过程视为完成阶段。

活动2　修改交易金额

活动背景

客户下单后，发现交易金额未能按照优惠活动自动计算或大额交易情况下，可与客服进行折扣协商，往往需要修改交易金额。

活动实施

进入卖家中心"已卖出的宝贝"页面，在交易状态为"等待买家付款"时，卖家可到"卖家中心"→"已卖出的宝贝"→"等待买家付款"中找到对应的订单，单击"修改价格"，如图4.1.3所示。

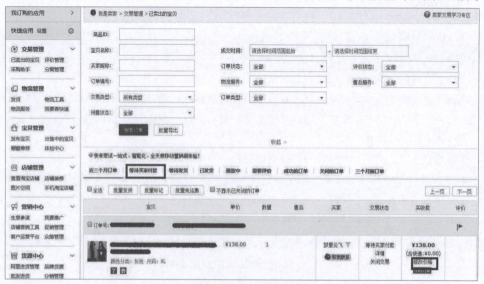

图4.1.3　"等待买家付款"订单

在打开的"修改价格"页面进行价格修改。正数代表涨价，负数代表折扣（可保留两位小数），填好后，单击"确定"按钮即可，如图4.1.4所示。

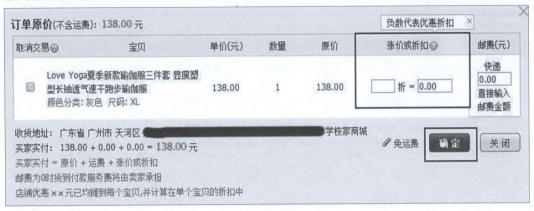

图4.1.4 "修改价格"页面

实 训
登录淘宝网页版界面，或者在千牛工作台中查看已卖出的宝贝，打开需要修改的订单，进行交易金额的修改。

活动小结
陈欣掌握了修改价格的方法后，客服陈组长告诉她，交易金额修改必须在公司的政策范围内。如果不符合优惠条件的，客服需要婉言拒绝。

活动3 修改运费

活动背景
客户下订单后，通常会看到需要交纳的运费，网购少不了运费问题。客户通常会咨询客服是否包邮。另外，因为后台设置问题，客户购买多种商品，运费会自动叠加，导致运费增加，此时客服应修改运费。

活动实施
进入卖家中心的"已卖出的宝贝"页面，在交易状态为"等待买家付款"时，卖家可登录到"卖家中心"→"已卖出的宝贝"→"等待买家付款"中，找到对应的订单，单击"修改价格"，如图4.1.5所示。

在"邮费"栏中直接添加需要修改的邮费金额，填写完成后单击"确定"即可。如果卖家包邮，也可以直接单击"免运费"，即邮费金额为0元，如图4.1.6所示。

温馨提示
1.卖家提交修改价格操作无次数限制。

2.买家已付款后，卖家无法修改交易价格，建议联系买家说明，在买家收到货以后申请部分退款即可。

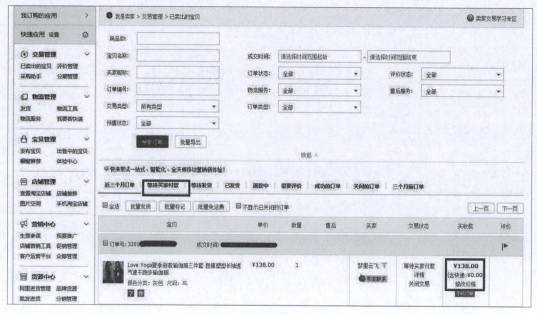

图4.1.5 "运费修改"订单

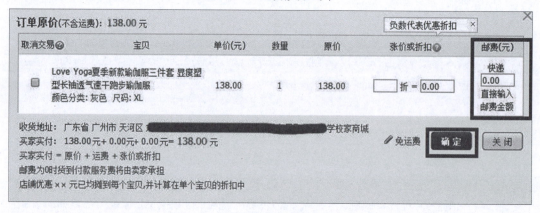

图4.1.6 运费修改

实 训

登录淘宝网页版界面，或者在千牛工作台中查看已卖出的宝贝，打开要修改的订单，进行"运费"的修改。

活动小结

陈欣掌握了修改邮费的方法后，客服陈组长告诉她，运费的修改必须在公司的政策范围内。如果不能包邮或者不符合优惠条件的，当客户提出要修改邮费时，需要婉言拒绝。

活动4 确认订单

活动背景

客户已下单,并且完成了支付,陈欣以为到此交易完成,要结束与客户的交流。此时客服陈组长告诉她,在结束前一定要跟客户确认订单信息。

活动实施

客服陈组长让陈欣与客户确认订单,需要确认的订单内容主要有客户的收货地址、电话等信息。此外,个别买家对某些商品有特殊要求的,也要核对。在订单中找到客户信息,在沟通工具中把客户信息发过去,加上一句"亲,请核对一下收货地址等信息哦",等待客户回复确认信息后就可完成订单的确认工作了,如图4.1.7所示。

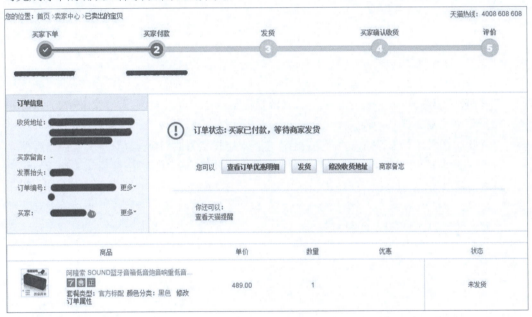

图4.1.7 订单确认

实 训

登录淘宝网页版界面,或者在千牛工作台中查看已卖出的宝贝,打开已经和客户核对过的订单进行确认。

活动小结

陈欣明白客服需要处处为公司着想,在服务客户的同时尽量维护公司的利益,应该针对可能发生的维权纠纷做一些防范措施,特别是订单的确认。

>>>>>> 任务2
打包发货

情境设计

这几天，轮到陈欣和其他几位实习客服参与商品打包发货工作。陈欣根据订单信息，将客户地址和投递要求进行分类。接下来，陈欣和其他实习客服一起查阅各家快递公司的相关规定，为订单选择快递公司，然后打印快递单。

陈欣和其他几位实习客服到仓库帮忙发货。仓管员告诉他们：发货前要根据订单货物的性质和体积选择合适的包装。仓管员还向陈欣等人介绍了仓库打包区里其他材质的包装材料，并做了打包示范。

任务分解

实习客服本次的任务是根据各个订单的实际情况，选择快递公司或物流公司。要完成该任务，需了解常见的快递或者物流公司的规模与经营范围，以及它们的发货规定。然后，根据订单的发货要求，确定物流公司。

实习客服还要学习如何为商品包装。客服陈组长认为他们要先认识商品包装有哪些功能和注意事项；然后了解有哪些包装材料，这些材料适合哪类商品；最后学会使用打包工具为商品进行包装。

本任务可分解为了解常见的物流、快递公司，计算快递价格，完成后台物流选择操作，了解包装材料，做好商品的包装5个活动。

任务实施

活动1   了解常见的物流、快递公司

活动背景

陈欣要为全部订单选择快递公司，因为不同的订单选择不同的快递公司，不同的快递公司网点布局不同，寄送规定不同，服务内容不同，服务质量不同，价格也会不同。所以必须先了解常见的快递公司，根据订单要求、公司的实际情况选择符合要求的快递公司。

活动实施

目前，淘宝比较常用的物流方式包括平邮、快递、EMS三大类，见表4.2.1。

淘宝本身没有下属的快递公司，但淘宝有物流平台。目前与淘宝合作的物流公司有申通、圆通、中通、汇通、韵达、CCES、天天快递、中铁快运、德邦物流、佳吉快运、联邦快递、顺丰速运、EMS、E邮宝、一邦速递、宅急送、星晨急便等。

物流的好坏取决于当地分支机构的服务水平，同一家物流公司，在某地服务很差，而在另一地服务则非常好，这种情况是常有的，因为现在物流公司多为加盟形式。

表4.2.1 物流方式比较

物流方式	含　义	优　点	缺　点
平邮	邮政中一项寄送信与包裹业务的总称。平邮包括普通的寄信和普通的包裹	价格比较实惠,而且网点多,适合偏远地区使用	最慢的运送方式,平邮一般运送时间为全国7～30天。平邮不送货上门,邮递员事先会将通知单发送至您"平邮普通信封的家庭信箱或门卫",用户需要凭通知单和收件人身份证去就近邮局领取包裹
快递	通过铁路、公路和空运等交通工具,对客户货物进行快速投递	点到点,快速方便。以往快递公司外省走空运的较多,所以无论外省和省内,均能做到隔天到货	价格较贵,一般外省较远的要15元。现在高铁和高速公路发达了,走航空的少了,价格相对便宜,只是时间较长一些
EMS	邮政特快专递服务,由万国邮联管理下的国际邮件快递服务,在中国境内是由中国邮政提供的一种快递服务	EMS速度相对更快,省外交易,当天发货,次日即可送达	费用较高,费用20元起步

实　训

列出常见的5家物流、快递公司的特点。

快递公司名称	特　点

活动小结

在了解常见的物流、快递公司后，陈欣学会了根据客户的要求，选择适合客户的快递公司。

活动2 计算快递价格

活动背景

计算快递价格

陈欣要为全部订单选择快递公司，因为不同的订单选择不同的快递公司，价格也会不同，发往目的地的价格也不同。所以必须先根据订单要求和公司的实际情况计算好符合要求的快递费用。

活动实施

（1）进入快递价格查询网站，如图4.2.1所示。

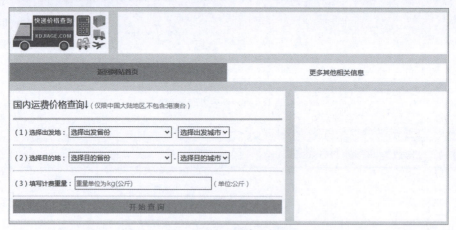

图4.2.1 快递价格查询网站

（2）进入快递价格查询网站。选择出发地、目的地，填写计费重量，单击"开始查询"，快递价格计算结果显示如图4.2.2所示，还可以了解价格算法参考依据。

↓↓↓查询结果显示↓↓↓

价格查询结果 ➜ 始发地：广东广州 | 目的地：甘肃白银 | 重量：1.5 公斤(KG) | 类型：物品 | 共有：8 条报价。

始发地｜快递公司	运费参考	发布日期	详细备注
广东广州-韵达	20.00元	180913	韵达官网：www.yundaex.com，韵达客服热线：95546【点击了解价格算法参考依据】
广东广州-韵达1	22.00元	180630	韵达官网：www.yundaex.com，韵达客服热线：95546【点击了解价格算法参考依据】
广东广州-圆通	27.00元	170722	圆通官网：www.yto.net.cn，圆通客服热线：95554【点击了解价格算法参考依据】
广东广州-申通	30.00元	180628	申通官网：www.sto.cn，申通客服热线：95543【点击了解价格算法参考依据】
广东广州-EMS	32.00元	210716	EMS官网：www.ems.com.cn，申通客服热线：11183【点击了解价格算法参考依据】
广东广州-中通	38.00元	180626	中通官网：www.zto.com，中通客服热线：95311【点击了解价格算法参考依据】
广东广州-申通2	40.00元	210716	中通官网：www.sto.cn，申通客服热线：95543【点击了解价格算法参考依据】
广东广州-顺丰	50.00元	210716	顺丰官网：www.sf-express.com，顺丰客服热线：95338【点击了解价格算法参考依据】

图4.2.2 快递价格计算结果

实 训

列出常见的5家快递公司从广东广州到甘肃白银的运费。

快递公司名称	运费参考

活动小结

在了解了常见的物流、快递公司后，陈欣学会了根据客户的要求，选择适合客户的快递公司计算出快递费用。

活动3 完成后台物流选择操作

活动背景

陈欣完成了快递公司的选择后，就在淘宝网店后台进行相关操作，方便了解订单进度，客户也能通过平台关注到商品的物流动态。

活动实施

（1）首先登录淘宝网页版界面。在界面对应的框中输入自己的会员名、密码后进入个人中心（也可在千牛工作台进行操作）。

（2）单击右上角的卖家中心，进入卖家管理后台。

（3）先单击左侧的交易管理，在右侧会呈现交易订单信息等内容，如图4.2.3所示。

图4.2.3 交易管理

（4）查看交易，在这一步就可看到所有的交易订单。发货前要仔细查看商品信息及买家留言，切勿发错商品，以免造成不必要的麻烦，确认无误后就可以单击蓝色字体发货了，如图4.2.4所示。

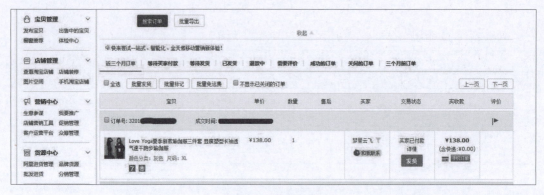

图4.2.4　交易订单

（5）在发货操作平台选择"自己联系物流"，然后根据自己发货的快递把快递单号填写到对应的订单框内，填好后单击"确定"按钮，就会提示发货成功，如图4.2.5所示。

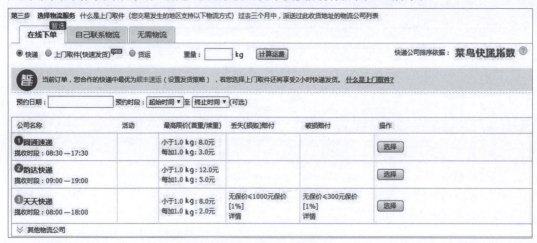

图4.2.5　订单的物流信息

（6）再返回来看已经发货的订单，上面就会显示卖家已发货，如图4.2.6所示。

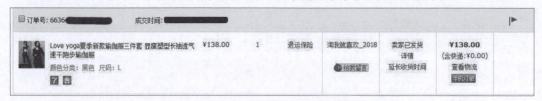

图4.2.6　订单已完成部分信息

📋 注意事项

在发货时要正确输入单号，乱输、错输会导致发货不成功，无追踪记录等。

实　训

登录淘宝网页版界面，或者在千牛工作台中查看已卖出的宝贝，打开订单，进行物流操作。

活动小结

陈欣为卖出宝贝的订单进行了物流操作，完成选择物流、快递公司的任务。

活动4　了解包装材料

活动背景

陈欣在仓库的打包台边看到了很多材料,有些材料认识,如快递袋、泡沫、纸箱等,有些材料则不认识。这些包装材料有哪些用途?

活动实施

包装材料有很多种,根据各种包装功能选择不同的包装材料。包装材料分为内包装、中层包装、外包装和附加包装,各种材料有各自的作用。

1.内包装

内包装是最接近于商品本身的那层包装材料,包括OPP自封袋、PE自封袋等。

2.中层包装

中层包装是产品与包装箱之间空隙的填充材料,也称为填充层,包括气泡膜、珍珠棉、海绵、其他填充物等。

3.外包装

外包装常用的有包装袋、包装盒、包装箱、包装瓶、包装纸等。

4.附加包装

部分注重口碑的网店会在包装盒内附带一些产品说明书、售后服务卡、给客户的信、促销单等。

📖 知识窗

包装材料

包装材料从内到外可分为内包装、中层包装、外包装和附加包装。

1.内包装

内包装是最接近于商品本身的那层包装材料。因为一般的商品厂家已供应内包装,所以在此介绍几种用得较多的袋子。

(1)OPP自封袋:其作用是保持商品整洁、增加商品美感,适用于文具、小饰品、书籍、小电子产品等需要给人干净整洁、无须再次装回的商品。它的封口处自带一条粘胶,使用时撕下覆盖膜即可粘上,很方便。OPP自封袋的优点是透明度特别好,显得干净、美观、上档次;缺点是材料特别脆,易破,并且不能反复使用。

(2)PE自封袋:其作用是防潮防水、防止物品散落,适用于邮票、明信片、小样化妆品、纽扣、螺钉、小食品以及需要归纳在一起或经常要取的商品。它的封口处有一条凹凸的带子,使用时轻轻一按或撕开就能闭合。PE自封袋的优点是材质柔软、韧性好、不易破、可反复使用;缺点是透光度一般,如图4.2.7所示。

2.中层包装

中层包装是产品与包装箱子之间空隙的填充材料,也称为填充层包装。

(1)气泡膜:它是保护商品、防震、防压、防滑的最好材料,数码产品、化妆品、工艺品、家电、家具、玩具等用得最多。

(2)珍珠棉、海绵:珍珠棉用得较广的是玻璃制品、手机、数码产品等商品的防刮和防潮,也有轻微的防震作用。珍珠棉有薄有厚,薄至0.5 mm,厚至6 cm,薄的可以用来包裹,厚的可以用来切片、做模、固定产品,作用类似于泡沫块。海绵密度比较低,更软。海绵和珍珠棉的作用类似。

(3)其他填充物:除了以上填充物外,还有很多填充物可以选择,如报纸、纸板等。用于包水果的网格棉也是不错的填充物,如图4.2.8所示。

图4.2.7　内包装材料

图4.2.8　中层包装材料

3.外包装

外包装常用的有包装袋、包装盒、包装箱、包装瓶、包装纸等。

(1)包装袋:柔性包装中的重要技术。包装材料具有较高的韧性、抗拉强度和耐磨性。作为外包装的袋子一般有布袋、编织袋及邮政复合气泡袋3种。

(2)包装盒:介于刚性和柔性包装两者之间的包装技术。包装材料不易变形,有较高的抗压强度,刚性高于袋装材料。包装结构是规则几何形状的立方体,也可裁制成其他形状,如圆盒状、尖角状,一般容量较小,有开闭装置。

(3)包装箱:是刚性包装技术中的重要一类,包装材料为刚性或半刚性材料,有较高强度且不易变形。包装结构和包装盒相同,只是容积、外形都大于包装盒。包装箱整体强度较高,抗变形能力强,包装量也较大,适合做运输包装、外包装,包装范围较广,主要用于固体杂货包装,如图4.2.9所示。

图4.2.9　包装箱

4.附加包装

部分注重口碑的网店会在包装盒内附带一些产品说明书、售后服务卡、给客户的信、促销单等,如图4.2.10所示。

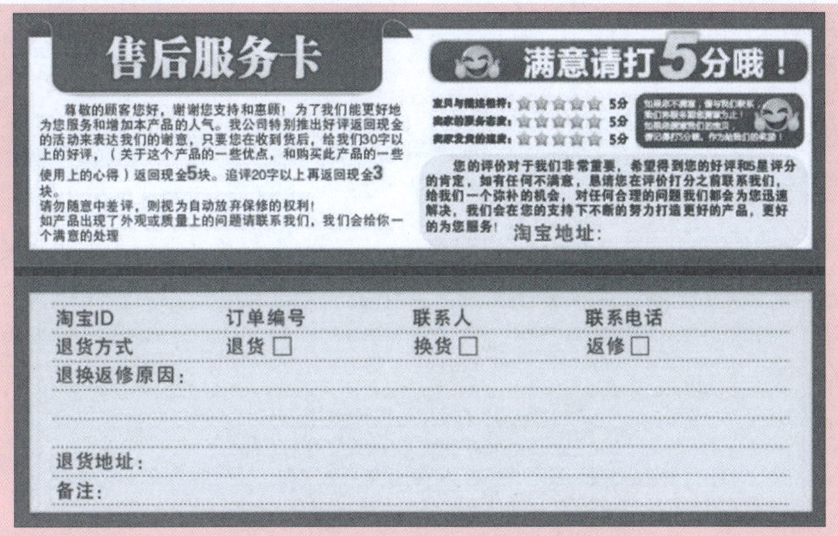

图4.2.10 售后服务卡

实 训

对包装材料进行分类并完成下列表格。

包装材料名称		作　用
内包装	1.	
	2.	
	⋮	
中层包装	1.	
	2.	
	⋮	
外包装	1.	
	2.	
	⋮	
附加包装	1.	
	2	
	⋮	

活动小结

陈欣明白了各种包装材料的作用，客服陈组长还告诉她商品打包不是所有材料都要用上，要根据商品的性质和包装要求选择包装材料。

活动5　做好商品的包装

活动背景

陈欣了解了商品包装材料后来到了商品包装现场，进行商品包装的实习。

活动实施

1.“三检四查”制度

“三检四查”制度就是3名员工分别核查容易出错的4个方面。

“三检”是指每一件商品包装需要3名员工的核查。“四查”是指核查商品包装中容易出错的4个方面，如图4.2.11所示。

查库存	如果系统库存有误，一方面通知及时补货；另一方面耐心和顾客解释，愿意协助完成退款操作。
查商品	确认顾客购买商品的信息（包括名称、款式、大小、颜色、数量），避免发错货。
查质量	游戏点卡、充值卡、软件包或电子书等虚拟产品需检查可用性；需要运输的产品，需仔细检查质量。
查地址	与顾客核对送货地址，如需更改，要确认更改地址物流公司能否送到，如若不能，则联系其他快递公司，将多出的费用告知顾客。

图4.2.11　四查制度

2.打包商品

（1）五层加厚加硬纸箱（普通网购纸箱为3层），如图4.2.12所示。

（2）专业包装器材（确保每件商品不受损坏），如图4.2.13所示。

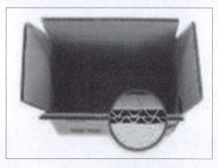

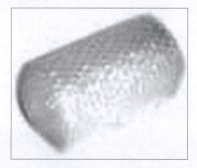

图4.2.12　加厚加硬纸箱　　　　　　图4.2.13　专业包装器材

（3）多层气泡沫包裹（运输过程中不怕颠覆挤压），如图4.2.14所示。

图4.2.14　多层气泡沫包裹

（4）入箱多次核查（确保商品数量无错漏），如图4.2.15所示。

图4.2.15 入箱多次核查

（5）公司专用胶带密封（有疑问可当面拒收），如图4.2.16所示。

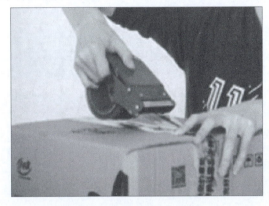

图4.2.16 公司专用胶带密封

（6）包装完成（贴上快递单，待装车发货），如图4.2.17所示。

图4.2.17 包装完成

实　训

选定一种商品，对选定商品进行包装，包装过程要遵守"三检四查"制度，完成商品的包装。

活动小结

陈欣明白了很多网店致力发展"三检四查"制度。检查一切无误后，开始包装。包装过程还需多次检查，确保无误后才封装，待贴上快递单后，才算包装完成。

任务3
跟踪订单发货状态

情境设计

陈欣接待的订单已打包完成来到发货现场，完成发货。陈欣通过即时通信工具向客户发去已经发货的信息，告诉客户可通过后台随时跟踪货物的走向。当客户确认已经收到后，陈欣便询问客户对货品是否满意、有无破损，若无，就请客户确认收货并进行评价。

任务分解

这是关于商品发货与物流跟踪的任务，随着物流跟踪技术的发展，快递公司利用各种技术实现了货物的实时跟踪。目前客户可通过快递公司的官方网站或者电子商务平台查询快件的物流信息，掌握货物运输的动态。客户收货后，卖家收到收货信息，客服应请求对方确认并评价。

本任务可分解为快速发货，做好提醒；跟踪物流；收货确认，促使评价3个活动。

任务实施

活动1　快速发货，做好提醒

活动背景
陈欣接待的订单已打包完成来到发货现场，进行商品发货的实习。

活动实施
(1) 登录"我的淘宝"，单击"已卖出的宝贝"，如图4.3.1所示。

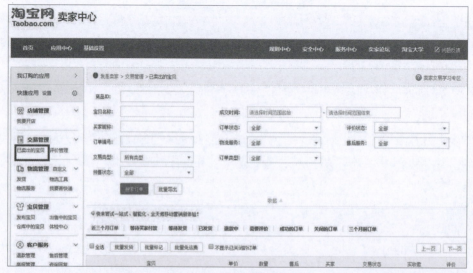

图4.3.1　已卖出的宝贝

（2）找到需要发货的订单，单击"发货"，如图4.3.2所示。

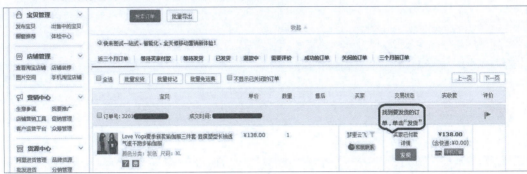

图4.3.2　需要发货的订单

（3）选择物流公司后，单击"确认"按钮，完成下单操作，如图4.3.3所示。

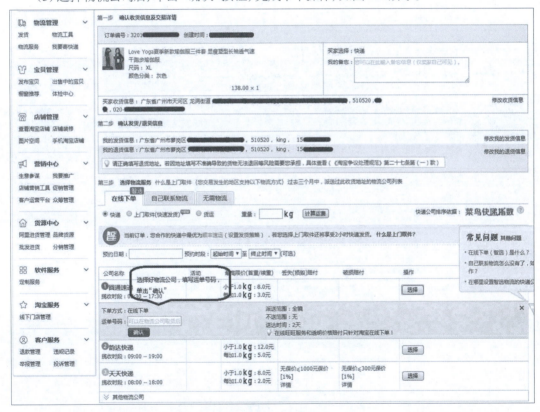

图4.3.3　选择物流公司

（4）在物流公司揽收货物后，填写物流单号，单击"确认"按钮，完成发货操作，如图4.3.4所示。

完成发货操作的同时，售后客服应第一时间发布发货信息。一般的发货通知要有客户用户名、购买商品清单、发货方式、预计到货时间，有条件的应附上扫描包裹单。

图4.3.4　填写物流单号

实　训

登录淘宝网页版界面，或者在千牛工作台中查看已卖出的宝贝，打开订单,进行"发货"操作,并提醒客户已发货,等待收货。

活动小结

陈欣通过一系列操作,已经掌握了淘宝店铺卖家发货的操作流程。在完成发货的同时,也能主动提醒客户,请客户做好接收货品的准备。

活动2　跟踪物流

活动背景

一位客户问陈欣:"我在哪里可以查询到我的宝贝到哪里了?"陈欣马上将物流跟踪的方法向该客户进行了介绍。

活动实施

卖家发货后,作为买家想查询货物物流状况,可到"已买到商品"点选所购买的商品,单击右侧"查看物流"选项,即可了解物流详情,如图4.3.5所示。

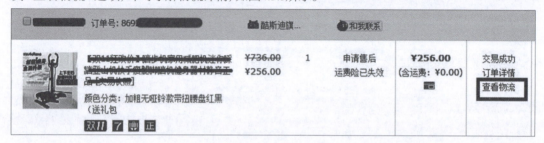

图4.3.5　查看物流

国内快递公司一般提供网站、手机、电话、电子商务后台等多种查询途径,客户可根据快递单号查询货物到达中转站的时间等物流信息,如图4.3.6所示。

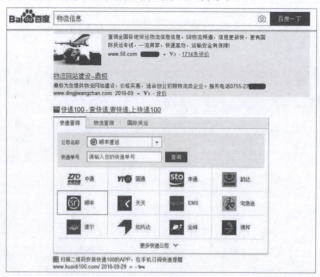

图4.3.6　百度查询物流

如果进入快递公司页面没有运单信息也不用着急，有可能是快递公司还没有及时跟进货品的运输情况。

实　训

登录"快递100"网站，单击常用的快递公司，输入快递单号，进行物流查询。

活动小结

客户通过货品的查询跟踪操作之后，可方便地进行物流跟踪，减少客服的咨询量，也可及时发现物流异常，提前做好应对措施。

活动3　收货确认，促使评价

活动背景

陈欣向客户介绍了跟踪查询物流的方法之后，客户学会了跟踪查询物流方法，经过耐心等待，终于收到了自己的宝贝，便随即告诉陈欣。陈欣询问客户对货品是否满意、有无破损，若无就请客户确认并评价。

活动实施

货物到达客户手中后客服应及时联系对方，首先询问客户对货品是否满意、有无破损，若无，就请客户确认并评价，如果客户都满意，一般都会给予好评。如果货品出现问题，因为是客服主动询问的，也会缓和气氛，更有利于解决问题，因为主动要比被动更容易被接受。

淘宝确认收货有下述两种方法。

1.在淘宝网进行确认收货

操作方法：首先打开淘宝网并用你购物的淘宝账号登录，单击上面的"我的淘宝"再选择"已买到的宝贝"页面。然后在"已买到的宝贝"页面找到你准备确认收货的那件商品，单击"确认收货"按钮，再根据提示输入你的支付宝账户的支付密码完成即可。

2.在支付宝上进行确认收货

操作方法：首先登录支付宝网站，单击"交易管理"，找到相应的商品，单击"确认"按钮即可。

完成以上操作后，再回到相应的交易商品处，原来显示"确认收货"的地方已经变成"交易成功"，说明已经成功完成确认收货，支付宝上的钱也已经转到卖家的支付宝上，如图4.3.7所示。

图4.3.7　交易成功

实 训

登录淘宝网页版界面，或者在千牛工作台中查看已卖出的宝贝，打开订单，进行"收货"确认操作，并询问客户对货品是否满意、有无破损，若无，就请客户确认收货并评价。

活动小结

陈欣通过一系列的操作，已经掌握了淘宝店铺卖家"确认收货"的操作流程。在完成"确认收货"的同时，也能主动提醒客户，并请客户确认收货并评价。

项目检测

1.单项选择题

（1）从支付以及配送的角度看，可将交易的处理划分为两种类型：货到付款订单和（　　）订单。

　　A.免费　　　　　　　B.优惠　　　　　　　C.当场交易　　　　　D.款到发货

（2）在淘宝后台中，客户在（　　）看到需要付款的订单。

　　A.购物车　　　　　　B.已买到的宝贝　　　C.收藏夹　　　　　　D.淘宝网首页

（3）订单确认的信息一般是（　　）。

　　A.收货地址　　　　　B.客户ID　　　　　　C.客户性别　　　　　D.商品价格

（4）文件、光盘、卡等轻薄的商品适合使用（　　）外包装材料。

　　A.瓦楞纸箱　　　　　B.信封　　　　　　　C.牛皮纸　　　　　　D.编织袋

（5）以下材料常用于商品内包装的是（　　）。

　　A.瓦楞纸箱　　　　　B.牛皮纸袋　　　　　C.自封袋　　　　　　D.珍珠棉

2.多项选择题

（1）淘宝卖家中心是一个功能齐全的交易平台，包括（　　　　）等多个模块。

　　A.交易管理　　　　　B.物流管理　　　　　C.宝贝管理　　　　　D.店铺管理

（2）查单客服需汇总的资料包括（　　　　）。

　　A.快递单　　　　　　B.感谢信　　　　　　C.购物清单　　　　　D.备注项

（3）客服人员在提供投诉解决方案时，需谨记（　　　　）原则。

　　A.掌握问题重心，分清责任　　　　　　　　B.尽量按照公司既定的办法处理

　　C.遵守权限范围　　　　　　　　　　　　　D.一切为了消费者

（4）货物与商品不相符，主要有（　　　　）情况。

　　A.卖家发错货　　　　B.质量有问题　　　　C.商品损坏　　　　　D.品质有问题

（5）退换货原则一般包含（　　　　）。

　　A.退换货时间　　　　　　　　　　　　　　B.可退还商品的种类

　　C.邮费解决方式　　　　　　　　　　　　　D.寄哪家快递

（6）在订单处理阶段，客服往往需要完成以下哪些后台处理？（　　　　）

　　A.添加备注　　　　　B.推荐商品　　　　　C.修改运费　　　　　D.合并订单

（7）淘宝后台，"改价"按键可以协助客服完成哪些设置？（　　　　）

　　A.修改备注　　　　　B.修改商品价格　　　C.修改地址　　　　　D.修改运费

（8）网店选择快递公司的原则有（　　　　　）。

　　A.优先选择电子商务平台推荐的快递公司

　　B.选择网店覆盖较广的快递公司

　　C.与多家服务质量较好的快递公司保持联系,根据不同情况选择不同的快递公司

　　D.选择下单方便、反应较快的快递公司

（9）网店客服为发货而进行的商品包装主要体现了（　　　　　）。

　　A.保护功能　　　　　B.便利功能　　　　　C.美观功能　　　　　D.销售功能

（10）商品外包装材料的袋子适合装运（　　　　　）。

　　A.书籍　　　　　B.衣服　　　　　C.花瓶　　　　　D.粮食

3.简述题

（1）客服为什么必须跟下单客户进行订单确认?

（2）各种库存状态是什么意思? 下单多久后可以发货?

（3）陈欣的网店每天下午发货，一天，当她发货结束整理快递收据时发现，一个快递单上忘记留下收货人电话，请问此时陈欣应怎么处理?

（4）如何处理物流异常订单?

项目 4
项目检测答案

项目 5
处理评价

☐ 项目综述

有交易难免出现纠纷和中差评，正确面对和妥善处理评价是售后客服必须掌握的基本技能。妥善处理评价能给老客户带来良好的购物体验，从而带来老客户的重复购买，这是网店的主要利润来源（网店80％的利润来自20％的老客户的再次购买）。有数据显示，维护一名老客户的成本比开发一名新客户成本的1/5还要少。此外，妥善处理评价还有助于开发新客户。如今电子商务已处于精耕细作阶段，在商品同质化严重的时代，任何一名有意于成为专业型客服的人员，都必须有很强的服务意识，有提升店铺好评率的方法与技巧，还能以同理心去妥善处理中差评并恰如其分地处理纠纷，赢得客户的再次购买，同时吸引更多客户的加入。围绕评价的处理，本项目包括处理中差评、解释评价、处理交易纠纷3个任务。

☐ 项目目标

通过本项目的学习，应达到的具体目标如下：

知识目标
◇知道中差评对店铺的影响；
◇理解妥善处理纠纷对店铺健康发展的重要意义。

技能目标
◇掌握在实践中将中差评转变为好评的方法与措施，对无法转换的中差评，能够针对性地作好评价解释，变消极影响为积极影响；
◇能运用同理心换位思考解决纠纷。

素质目标
◇培养诚信的客户服务意识，养成换位思考的同理心；
◇培养客服人员正确、积极、合作、乐观的阳光心态；
◇培养客服人员较强的抗挫折能力。

项目思维导图

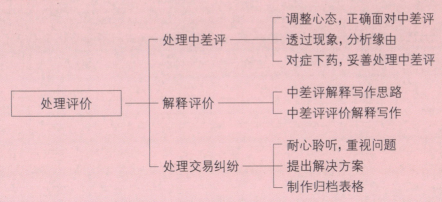

任务1
处理中差评

情境设计

小马在售前客服岗位实习了两个多月，她对待工作兢兢业业，文字录入速度达120字/min，在刚刚结束的"双十一"导购中，接待人数排名第一，转化率也很高。客服主管王先生认为她是可以走专业路线的客服人员，想慢慢把她培养成店铺的金牌客服。今天，王先生先让小马在售后客服岗位上实践。上岗前，王先生提醒小马售后客服处理问题得当与否直接关系着店铺形象、客户回头率甚至关乎店铺的存亡，因为，许多售后问题不仅涉及买家、卖家，有时还涉及第三方物流。因此，售后客服面临巨大压力，需要超强的沟通能力和很强的抗挫折能力。

在小马接手售后客服工作后，急需处理的是店铺刚刚出现的如图5.1.1所示的中评和如图5.1.2所示的差评。

 我觉得这件衣服穿起来显得肩膀好宽，没什么特色……

图 5.1.1　中评

 感觉不好吃，味道苦涩，感觉被商家骗了，浪费钱，希望大家少买

图 5.1.2　差评

任务分解

> 王先生向小马讲解了中差评的处理原则与解决思路。客户会给中差评，说明对店铺产品、客服态度和物流存在某些不满，因此在处理过程中，应秉承"先处理心情，再处理事情"的原则。首先，客服人员要调整好自己的心态；然后，再进行换位思考，以同理心去面对并处理客户给的中差评。那么，处理中差评概括起来就包括调整心态，正确面对中差评；透过现象，分析缘由；对症下药，妥善处理中差评3个活动。

任务实施

活动1 调整心态，正确面对中差评

活动背景

"双十一"为店铺带来了巨大的销售额，同时也带来了令店铺烦恼的中差评。一直以来，店铺保持着高达99.75%的好评率。今天一上班，小马就发现店铺出现了两个中差评，其中有一个是小马自己接待过的，若再不处理好，可能会对店铺的生意造成负面影响。这两个中差评让小马感到既棘手又愧疚，究竟是哪里没做好导致客户给了中差评？面对问题，又该如何处理呢？小马陷入了深思。

活动实施

王先生引导小马从调整心态开始，正确面对中差评。首先，查看其他商家如何面对中差评的案例，从中思考其处理手法的优劣。见表5.1.1中的案例，案例1中对客户的评价，掌柜以敌对的情绪来处理，甚至对客户进行人身攻击，这将直接吓跑后续的潜在客户；案例2则向后续客户展现出掌柜的风度。同样是中评，但掌柜解释的不同导致给后续客户带来的体验也是不一样的。这些案例都充分印证了一句话："成功管理情绪是妥善处理评价的先决条件。"

表5.1.1 处理中差评的案例

案例1	很宽，又短，穿着很不好看……
	2021.08.16 颜色分类：圆点 尺码：M
	[掌柜解释]MM长漂亮点就好了。漂亮了穿什么都美了。
案例2	刚拿到手，还没用，以后评价
	2021年10月28日 16:21 速度：USB2.0 颜色分类：颜色随机发货
	[掌柜解释]亲，感谢您的选购，希望您有个愉快购物的体验。您的满意就是我们的动力！期待您的后续反馈，谢谢！

作为卖家，谁都不乐意自己的店铺出现中差评，一旦中差评出现，卖家和客服人员务必调整好心态，在态度上重视，切忌带情绪处理问题，而应展现自己的良好服务，杜绝乘一时之快，导致更坏影响的出现。

实　训

在淘宝网上查找某一店铺带着情绪处理中差评的案例两则并填入表5.1.2中。

表5.1.2　中差评案例两则

案例 1	买家：
	卖家：
案例 2	买家：
	卖家：

活动小结

此活动促使人充分意识到只有调整好心态，不被一时的情绪所左右，才能正确面对中差评，从而为成功分析缘由和妥善处理中差评做好铺垫。

▣ 知识窗

中差评的处理，费时费力，最优的方案应该是尽量避免给客户评为中评或差评的机会。也就是在店铺的经营活动中，可采用如下提升好评的常用方法和技巧：①注意选择售卖优质产品；②与优质物流公司合作；③提供贴心的服务，如客户下单后发送订单核实信息和产品使用方法等温馨提示。最重要的是提醒客户，如满意，请转告他人；如不满意，请联系客服处理。

活动2　透过现象，分析缘由

活动背景

同样买卖一种商品，为何会出现不同的评价呢？中差评是如何产生的？带着疑问，小马找到了忙里偷闲的王先生。

活动实施

王先生告诉小马，客户的评价基于其评价当时的心理波动，好评的理由这里不作赘述。中差评的原因则各有各的不同。大量的案例表明，中差评产生的原因大致有以下6种：

（1）产品达不到客户的期望值，如舒适度达不到期望值、使用的方便程度不尽如人意等。

（2）客服服务与客户的心理预期有差距，如承诺买赠的礼品没有随商品一起寄出。

（3）物流原因，如运输过程损坏、派送速度慢、快递员态度不好等。

（4）新手买家，不懂评价的含义。新手买家在表达对产品喜爱的同时，却给了差评。

（5）客户原因，客户情绪不好，以给差评作为发泄途径。此时，中差评成了客户的迁怒行为。

（6）同行恶搞，雇用职业差评师给差评。

小马根据6种原因找出了中差评的典型案例，见表5.1.3。

表5.1.3　典型案例或原因分析

差评原因	典型案例或原因分析
产品原因	与图片有差别，以为是白色底的，谁知道是米黄色的。
客服原因	订单39码，发货41码，邮费自己垫付一个星期了也没退回，客服太差了，直接不理你，不知道有没有保障，不退邮费下次不再买了。
物流原因	蜗牛快递，无语。
新手买家	东西很好，颜色也很喜欢。
客户原因	由于客户的误操作或者情绪发泄导致的中差评，单从评价上无法确认时，得在与客户的沟通过程中确认。
职业差评师	此原因导致的中差评比较难以确认，可以从买家信息中查看此买家给店铺的好评率入手，如果此买家给所有的卖家都是中差评，搜集证据，可向淘小二举报。但是狡猾的职业差评师又难以让人发现，店铺也只能从做好自身出发，有则改之，无则加勉。

实　训

请查找以下4种原因出现的中差评案例，并填入表5.1.4中。

表5.1.4　查找4种原因出现的中差评

差评原因	典型案例
产品原因	
客服原因	
物流原因	
新手买家	

活动小结

通过阅读、思考、辨别，能够识别不同类型的中差评评价案例并将其进行归类，为活动3的妥善处理做好准备。

活动3　对症下药,妥善处理中差评

活动背景

了解了中差评出现的缘由后,小马跃跃欲试,准备着手处理中差评。主管王先生引导小马对症下药,寻找妥善处理中差评的正确方法。

活动实施

从前述活动中可知,中差评对网上店铺的影响非常大,因此,一旦出现必须及时处理。在对中差评按上述方法归因后,积极与买家沟通,与客户沟通过程中检验归因是否正确,在确认正确的基础上,分析给中差评客户的心理,再根据店铺的实际情况,有针对性地给出相应的中差评处理方案。在处理过程中时刻谨记一原则:尽量降低中差评的负面影响。

小马根据产生中差评的原因,挖掘出客户给中差评背后可能存在的心理特点,见表5.1.5。

表5.1.5　客户心理及差评原因

客户心理	差评原因						
	求尊重	求发泄	求补偿	恶　意	爱占小便宜	新手买家	其　他
产品原因	√	√	√				
客服原因	√	√	√				
物流原因	√	√	√				
客户原因					√	√	√
职业差评师				√			

(1)产品原因导致的中差评,见表5.1.6。首先,检查自我,是否产品的质量真的不好,若是,该下架的还得下架;然后,对客户作出相应的赔偿,满足其求尊重、求发泄等的心理特点。

表5.1.6　产品原因导致的中差评

案　例	差评评价: 🐗这袜子我很喜欢,可是质量实在太差了,穿一次就破,郁闷!!! 处理方法: 通过电话或者旺旺沟通,感谢买家的积极反馈,避免造成更坏的影响,为表达谢意,赠送客户50元现金抵用券,同时对客户已购买的袜子作退款不退货处理。对自己未能严格把关、导致质量差的产品流通到客户手中表示歉意,同时告诉客户将对同批产品作下架处理。恳请客户原谅店铺的无心之失。
实　训	中评或差评评价: 处理方法:

（2）客服原因导致的中差评，见表5.1.7。从根本上讲，应该提高客服的素养，针对目前中差评的处理，特别注意满足客户的求尊重、求发泄的心理，在满足这两种心理的基础上，给予一点优惠或补偿，这样，解决问题就容易多了。

表5.1.7　客服原因导致的中差评

案　例	买家评价： 📧订单39码，发货41码，邮费自己垫付一个星期了也没退回，客服太差了，直接不理你，不知道有没有保障，不退邮费下次不再买了。 处理方法： 通过电话对错发货给客户造成的不便表示道歉，此外，让服务不周的客服解释和道歉，马上退还邮费，在尊重客户、聆听客户发泄完的基础上，说明店铺的服务宗旨和目标，但人非圣贤，求得买家谅解，最后尝试通过赠送精美小礼品或者优惠券等方式，这时，有些客户能够自发地修改中差评为好评或者通过追评反馈店铺的处理。
实　训	评价： 处理方法：

（3）物流原因导致的中差评，见表5.1.8。如"双十一"过后，客户给出的中评"蜗牛快递，无语"，那么很有可能是客户急于拿到宝贝，对宝贝的派送速度心存不满。此时的中评应该是一种不满情绪的宣泄，卖家可通过电话耐心聆听、尊重买家的心理，通过摆事实、讲道理求取客户的谅解。客户的不满情绪得到宣泄，也获得了店铺的尊重与补偿，也许会自发地修改中差评为好评。其实，客户也能明白，快递是第三方，不属于卖家的过错，一般情况下也不会过于为难卖家。

表5.1.8　物流原因导致的中差评

案　例	评价： 🌸 蜗牛快递，无语 处理方法： 跟踪物流，了解是发货不及时还是快递公司派送上存在问题造成的，然后通过电话或者旺旺对买家选择店铺的宝贝表示感谢，对快递无法及时送达表示抱歉，主动承担责任，给客户一定的优惠或赠品，提供解决方案供买家选择。
实　训	评价： 处理方法：

（4）客户原因导致的中差评，大致有以下3种情况：一是新手客户不了解好评与中差评对店铺的影响，尝试操作，见表5.1.9；二是客户受情绪影响，随意给评价；三是爱占小便宜的客户希望通过中差评的修改获得个人利益。

表5.1.9　客户原因导致的中差评

案　例	评价： 东西很好，颜色也很喜欢。 处理方法： 此客户很明显是新手客户，不了解评价的意义，卖家可通过电话与其沟通，只要产品不差，再展现良好的服务态度，一般买家都会乐意更正自身错误，修改评价为好评。
实　训	评价： 处理方法：

分析：对受情绪影响的客户，耐心倾听，待客户发泄完，再动之以情、晓之以理，这样大部分明理的客户还是能够对店铺给出恰当的评价。

对爱占小便宜的客户，如果不太过分，可通过赠送小礼品、给优惠券等方式进行处理。但对一些贪得无厌的客户，我们也只能坚持原则。

（5）对职业差评师给的中差评，应坚持原则，搜集相应证据，向淘小二投诉此行为，若投诉不成功，可通过评价解释向后来的客户展现出一个不畏恶势力的店家形象，相信群众的眼睛是雪亮的。

活动小结

中差评对许多店铺来说犹如猛虎蛇蝎，谈之变色，但实际上，有交易就难以避免出现中差评，作为卖家或者客服人员，面对中差评，必须冷静面对，态度上要重视中差评，用冷静的头脑分析中差评出现的原因，妥善处理中差评，避免或减少中差评对后来客户带来的负面影响。

合作实训

4人一小组，要求每小组分工合作，登录电子商务平台查找产品原因、客服原因、物流原因、客户原因导致的中差评案例各一例，分析这些中差评案例的店铺处理是否妥当，若处理不妥，请写出本小组的处理思路或应对话术，完成表5.1.10—表5.1.13。

表5.1.10　产品原因导致的中差评

案例：
店铺的处理：
小组对此案例处理结果的评价及处理思路：

表5.1.11　物流原因导致的中差评

案例：
店铺的处理：
小组对此案例处理结果的评价及处理思路：

表5.1.12　客服原因导致的中差评

案例：
店铺的处理：
小组对此案例处理结果的评价及处理思路：

表5.1.13　客户原因导致的中差评

案例：
店铺的处理：
小组对此案例处理结果的评价及处理思路：

》》》》》》 任务2
解释评价

情境设计

　　小马按照任务1的步骤处理中差评，并经过与客户的多次沟通，如图5.1.1所示的中评如愿变成了好评。虽然图5.1.2中给了差评的买家始终不肯修改差评，但他却被卖家诚恳的态度打动了，最终给出了这样的追评："店家人还是不错的，挺诚恳，是负责任的卖家，但是这口味本人真的不喜欢。"那么，对这样无法避免的中差评，该如何处理？答案是：作好评价解释，转危机为契机。

任务分解

> 评价解释是指当出现中差评时，在与客户沟通无果后，采取的最后措施。首先必须明确评价解释的阅读对象不仅是中差评的客户，更主要的是后来到店铺浏览的潜在客户。因此，在评价解释的写作过程中切记不要出现与客户纠缠不清、对骂等有辱店铺形象的情况。解释评价可分解为中差评解释写作思路和中差评评价解释写作两个活动。

任务实施

活动1 中差评解释写作思路

人无完人，店铺也没有完美的。即使卖家付出100%的努力，也不可能出现100%的好评率。在中差评出现，卖家的积极沟通、争取妥善处理失效后，为了维护店铺形象，吸引新客户、维护老客户，卖家也只能使出最后一招：解释中差评评价，当然要写好评价解释，必须先明确写作思路。

活动实施

小马在接下来的几天时间里，翻阅了大量中差评评价解释的案例，通过罗列不同网站、不同店铺、不同产品之间中差评的异同点，再请教公司的资深客服，找到了中差评评价解释的写作思路，大致可从以下5个方面入手：

（1）无论对错，首先展现出负责任的店铺形象，对客户不愉悦购物经历表示歉意。这样会提升后来进店浏览的潜在客户的观感度。

（2）表明本店铺所有评价无论是好评还是中差评都是真实可信的。给客户一个真实的印象很重要。

（3）说明本店铺售后保障，可包括支持7天无理由退换货或者已赠送客户退货保险。这样再给客户吃一颗定心丸。

（4）虚心接受客户评价，并且说明十指还不一样长短，世上可能不存在任何一款产品能让全世界人满意。这时的表达是争取得到客户的理解。

（5）展示店铺亮点和优点。例如，注重信誉，客户好评率高，回头客多。最后一锤定音，化危机为转机。

［例5.2.1］ 评价解释案例。

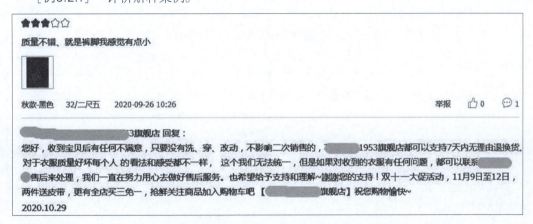

★★★☆☆

质量不错、就是裤脚我感觉有点小

秋款·黑色 32/二尺五 2020-09-26 10:26 举报 👍0 💬1

1953旗舰店 回复：
您好，收到宝贝后有任何不满意，只要没有洗、穿、改动，不影响二次销售的，1953旗舰店都可以支持7天内无理由退换货，对于衣服质量好坏每个人的看法和感受都不一样，这个我们无法统一，但是如果对收到的衣服有任何问题，都可以联系　　售后来处理，我们一直在努力用心去做好售后服务。也希望给予支持和理解~谢谢您的支持！双十一大促活动，11月9日至12日，两件送皮带，更有全店买三免一，抢鲜关注商品加入购物车吧【　　旗舰店】祝您购物愉快~
2020.10.29

实 训

根据你的店铺或者是参与实践实习的店铺的实际情况,简单列举适应该店铺实际情况的写作思路,完成表5.2.1。

表5.2.1 写作思路的案例

步骤1: 展示店铺形象	
步骤2: 评价的真实性	
步骤3: 售后保障	
步骤4: 商品难以满足所有人	
步骤5: 店铺亮点和优点	

活动小结

明确中差评的写作思路,可以说是成功的一半了。客服人员在写中差评评价解释之前务必对中差评的写作思路了然于胸,只有这样,才能写出好的评价解释,从而为店铺赢得更多的客户。

活动2 中差评评价解释写作

活动背景

小马把自己列举的中差评写作思路拿给主管王先生,王先生对此思路表示赞赏。在明确思路后,小马迫不及待地想写好评价解释,力争为店铺减少负面影响。

活动实施

小马根据活动1中确定好的中差评评价解释的写作思路,加上店铺的实际情况,对客户的差评作出评价解释,详见表5.2.2。

表5.2.2 差评评价解释

差评案例	感觉不好吃,味道苦涩,感觉被商家骗了,浪费钱,希望大家少买
评价解释	亲,首先感谢您的真实评价,真的很抱歉让您有了不愉快的购物经历。我们店铺是新开的小店,注重客户的购物体验,本店铺所有评价都是真实评价,包括好评和中差评,我们会向给中差评的客户更全面地展示我们店铺,但不会因为客户的中差评而恶意骚扰客户。对于您不喜欢此款炭烧口味的产品,我们表示理解,但正所谓萝卜青菜各有所爱,世界上应该难以找到一款食品能让全中国人都说"我喜欢"。我们虚心接受您对宝贝提出的意见,我们店铺支持15天无理由退换货,同时为客户购买了运费险,如果不喜欢,未拆封的、不影响二次销售的部分可申请退货,我们的客服将热情为您服务。 　　好评对于我们来说是一种鼓励,中差评是一种鞭策,注重口碑、信誉良好的我们将进一步提升服务水平和提高产品质量,力求满足更多客户的需求。 　　最后,我以团队的名义向您致以深深的歉意。

此外，小马还对客户的追评也作了评价解释，详见表5.2.3。

表5.2.3　追评的评价解释

差评案例	感觉不好吃，味道苦涩，感觉被商家骗了，浪费钱，希望大家少买
客户追评	店家人还是不错的，挺诚恳，是负责任的卖家，但是这口味本人真的不喜欢。
卖家对追评的评价解释	谢谢您的认可，同时感谢您给我们机会，让您再全面了解我们店铺的产品和我们的服务。我们将继续努力，为客户提供更好的产品和更优质的服务，致力于提高客户的客户体验，期待您的再次光临！

实训1

在如下中评案例中，掌柜的评价解释显然不妥当，请指出不妥之处，并按照评价解释的写作思路写出你认为合适的评价解释，完成表5.2.4。

表5.2.4　评价解释的分析与完善1

中评案例	我觉得这件衣服穿起来显得肩膀好宽，没什么特色……
掌柜解释	［掌柜解释］衣服确实是分人穿的。模特图以前用的是一个超瘦的MM觉得形象不佳。所以我们换了一个。穿上确实漂亮。MM可能是肩宽。肩宽在选择上是要费一些功夫，不能看模特穿着好你就下手买，特色上……本身就是花色，再加什么特色就太土了。我们会提高拿货眼光。MM也提高眼光。
不妥当之处	
你的评价解释	

实训2

在如下中评案例中，掌柜的评价解释显然不妥当，请指出不妥之处，并按照评价解释的写作思路写出你认为合适的评价解释，完成表5.2.5。

表5.2.5　评价解释的分析与完善2

中评案例	很宽，又短，穿着很不好看……
掌柜解释	［掌柜解释］MM长漂亮点就好了。漂亮了穿什么都美了。补充一点，买了三件其中含一个胸巾。中评一个，好评一个。留了一个没评。说叫我担运费退货你就改评价。我想说，NO WAY! 送你诗一首啊。我脑子里一下闪过的…… 你评与不评。评价就在那里，不好不坏。你喜欢与不喜欢。喜欢的人就在那里，不增不减。你穿或者不穿，衣服就在你柜子里，不近不远。你改或者不改，你在我心里都是一样，不好不坏。衣服是要搭配的，这个是短款的罩衫，汪汪都知道要加吊带或者背心。就你不知道。 你呢，穿越到阿拉伯吧。一身穿长袍，头发都省得整理了。收工，写于8月27日凌晨。
不妥当之处	
你的评价解释	

活动小结

评价解释虽然无法改变中评和差评的比例,但好的评价解释展示出店铺负责的态度,为店铺加分,赢得更多的回头客和新客户。

合作实训

6人一小组,分别从三大电子商务的热门行业(化妆品、服装类、电器类)的店铺里各找出中评或差评评价案例各一例,小组讨论本组内找到的中差评案例的评价解释写得如何,如有不妥,请指出不妥当之处,并写出本小组认为好的评价解释,完成表5.2.6—表5.2.8。

表5.2.6　化妆品类案例

化妆品类中评或差评案例	
掌柜解释	
不妥当之处	
本小组的评价解释	

表5.2.7　服装类案例

服装类中评或差评案例	
掌柜解释	
不妥当之处	
本小组的评价解释	

表5.2.8　电器类案例

电器类中评或差评案例	
掌柜解释	
不妥当之处	
本小组的评价解释	

处理交易纠纷

情境设计

"双十一"活动促成了大量的订单,也带来了不少售后问题,这里大都是收货后的投诉跟退换货的诉求,小马根据先前处理中差评时学到的"先处理心情,再处理事情"原则,接待时先耐心聆听客户的意见再作处理,她这样做对吗? 接下来应怎样处理?

任务分解

交易纠纷是指交易双方在购物过程中因产品质量、客服服务、货流原因而产生的种种分歧。具体来说,主要包括货不对版、赠品问题、运输损坏、有效期问题、无理由退换货等。类似这些纠纷都得慎重处理,否则,退货退款,差评投诉,接踵而来。处理交易纠纷可分解为3个活动,即耐心聆听,重视问题; 提出解决方案; 制作归档表格。

任务实施

活动1　耐心聆听,重视问题

活动背景

销量上去了,售后问题也增加了不少,当客户投诉时语言激进甚至是谩骂不断时,该怎样处理? 小马请教了金牌客服,学习了不少实用的方法,解决了很多棘手问题。

活动实施

纠纷的产生的确给双方都带来了情绪,作为客服应主导这种情绪,在自己应该控制情绪的基础上,以满负荷的情感付出的支持能力去耐心倾听客户的声音,引导客户宣泄情绪。其实,有很多纠纷在客户获得应有的尊重后,纠纷问题会迎刃而解。如果是面对面的交流,我们可以通过富含情感的语言,配合表情、动作让客户感受到我们在耐心倾听,表明我们很重视客户反映的问题。然而,我们使用的是在线即时通信工具,如何透过冰冷的机器向客户传达我们尊重客户、非常重视店铺与客户之间纠纷问题的处理,这就很考验售后客服的沟通、协调和书面表达能力。当然,在某些必要的时候,也可以采取电话这种辅助方式。

[例5.3.1]　耐心倾听,问题迎刃而解。

买家:你家的蜂蜜为什么是酸的呀? 还品牌呢! 忽悠人吗?

卖家:亲,请别着急,让我们看看问题出在哪里? 请问您是不是使用开水冲蜂蜜了?

买家:不能使用开水吗?

卖家:是的,使用开水会破坏蜂蜜的营养成分,同时味道也会变酸。

小马继续向金牌客服请教，其中，很多纠纷的妥善解决是建立在客户情绪平静和卖家耐心倾听基础上的。例5.3.2为金牌客服处理过的一单纠纷。

[例5.3.2]　关于电动吸奶器的纠纷案例。

买家	太可恶了，还1 000多元的名牌电动吸奶器，吸奶的效果竟然不如我手动的吸奶器，有你们这样骗钱的吗？宝贝详情就说得天花乱坠，实际一点作用都没有。我要退货，不给我退货，我就给差评。

作为经验丰富的金牌客服，并没有被买家的语言所影响，而买家花了钱却不能如愿，心情不好完全可以理解。那么要解决问题，首先要耐心倾听，引导客户说出我们想了解的根本问题。因为，盛怒中的客户会将更多的精力用于描述自己的不满。于是，金牌客服给买家打了个电话。

金牌客服：您好，请问是X女士吗？我是Y品牌吸奶器的客服，我看到您的留言，马上给您打电话想了解问题出在哪里，可以吗？

买家：（情绪不好，很不耐烦）好什么好？我一点都不好，涨奶涨得我心烦气躁，问题就是你们吸奶器吸奶效果远不如手动的，可以说吸不出来。

金牌客服：给您带来不便，我们表示道歉。但是，亲，请先别生气，生气时产生的奶水可不利于宝宝的健康。请您放心，如果我们的产品确实存在问题，我们是有完善的售后保障的。你能详细描述一下您是如何安装和使用吸奶器的吗？

买家：（可能是金牌客服的承诺起了作用，也可能是想到宝宝，买家说话时平静了许多，开始如实描述）。

金牌客服：您的安装是没有问题的，请问您是如何使用的？要两边同时使用才能吸出奶水。

买家：（惊讶）两边一起吸？我只吸涨奶的一边。

金牌客服：您可以看看我们随产品一起寄出的使用小贴士，上面有提示。您看吸奶器的工作原理是×××，其实，两边一起吸也是为了避免出现大小乳房的现象。您再试试，如果该产品确实存在质量问题，我们负责到底。

买家：不好意思，我太心急了，没看到小贴士，你们真贴心，谢谢！

金牌客服：没关系，其实我们可以做得更好，也许下次发货时同时发个短信提示买家会更好些。您的满意就是我们的最大动力，如有问题可及时联系我们，我们将竭诚为您服务！

（两个小时后，看到了买家的留言。）

买家：谢谢你，吸奶器很好用，你也是好客服，我会介绍姐妹过来买的。

金牌客服告诉小马，其实大多数纠纷是由客服不慎或者沟通不畅等引起的，专业客服在处理此类纠纷时若能展现专业客服的形象，做到熟知产品知识，耐心倾听，恰当地安抚客户情绪，重视问题并及时跟进处理，那么此类纠纷的解决也就是几句话的事情。

实训1

请通过网络搜索，查找通过耐心倾听、安抚客户情绪、重视问题并及时跟进处理成功的纠纷案例。

实训2

通过讨论，总结出有效倾听的方法。

活动小结

此活动促使小马进一步认识到倾听能力、照顾客户情绪、换位思考的同理心以及对产品特性的熟悉程度都会影响纠纷的妥善处理。

活动2　提出解决方案

活动背景

金牌客服告诉小马，一些由于客户对产品的特性或使用方法不熟悉，又或者对客服态度不满意而引起的简单纠纷，通过细心聆听了解纠纷原因、安抚客户情绪、及时跟进是可以直接处理好的，但对产品质量存在问题、售后服务不周到等复杂的纠纷问题，特别是涉及赔偿的，还需要精确挖掘客户心理需求，共同研讨解决方案。

活动实施

（1）分析挖掘客户心理需求。通过前面的活动，对纠纷的原因有了一定的认识，在此基础上，可根据马斯洛需求阶梯理论分析挖掘客户的心理需求。纠纷发生时客户常见的心理需求包括求尊重、求发泄、求补偿等，当然有些客户既需要尊重又需要发泄，同时还要求补偿。

[例5.3.3]　纠纷案例分析。

纠纷案例	纠纷分类	客户心理需求	解决方案措施
你家的丝袜质量太差了，穿了半天，破得两只脚趾头都能露出来。	产品质量问题	求发泄、求补偿	让客户发泄，提供补偿方案
你们店铺的客服 ×× 态度超差，因为没有收到货，我旺旺留言问她是用什么快递寄的，她没回复，第二天跟她说宝贝还没有收到，快递单号是多少，仍旧没回复。你说这样的态度我能满意吗？难道她都是这样对待客户的吗？	客服态度	求尊重、求发泄，要求解决实际问题	让客户发泄，尊重客户，解释、道歉，同时跟进物流
你们客服答应帮我改发百世汇通快递的，可实际上发的是中通快递，百世汇通就在我楼下，我可以随时去取，可中通多次派送，我都不在家，郁闷，究竟几时才能拿到我的宝贝？	物流	求尊重、求发泄，要求解决实际问题	跟进物流情况，尊重客户、耐心听其倾诉

实　训

查找3个纠纷案例, 分析这3个案例属于哪种类型的纠纷, 客户的心理需求是什么? 你打算使用的解决措施是什么? 完成表5.3.1。

表5.3.1　查找纠纷案例

纠纷案例	纠纷分类	客户心理需求	解决方案措施

🗐 知识窗

> 马斯洛需求阶梯理论由低到高包括生理、安全、爱和归属感、尊重及自我实现五大需求。

(2)灵活配合使用封闭问题、开放问题, 提出纠纷解决方案, 获得客户认可。在充分了解客户的心理特征后, 客服可根据客户的性格特点, 灵活配合使用封闭问题、开放问题引导客户说出其心目中理想的纠纷解决方案。有时可能还要帮助客户说出解决方案, 同时获得客户首肯。纠纷解决方案的提出以客户满意为最终目的, 以店铺利益最大化为首要原则。

[例5.3.4]　使用封闭式问题提供解决方案。

> 买家: 你好! 奶粉已收到, 可郁闷的是奶粉罐凹了一个坑! ! !
>
> 卖家: 给您带来不便, 真是抱歉, 奶粉罐凹了并不影响奶粉质量, 如果你退货我再给您发货, 这一来一回怕宝宝断奶, 您看这样行不, 下次购买时我直接给您少10元。

[例5.3.5]　配合使用封闭问题和开放问题提供解决方案。

> 买家: 你好! 奶粉已收到, 可郁闷的是奶粉罐凹了一个坑! ! !
>
> 卖家: 给您带来不便, 真是抱歉, 奶粉罐凹了并不影响奶粉质量, 如果你退货我再给您发货, 这一来一回怕宝宝断奶。为表示我们的诚意, 我建议这样处理: 您下次购买奶粉时, 我送您一个宝宝专用的水杯或者给您发一个满200元减15元的优惠券, 您看行不? 如果不行, 您也可以说说您的意见!

实　训

联系上目前在售后客服岗位工作的师兄师姐, 分享他们使用封闭问题和开放问题为客户提供纠纷解决方案的案例。

活动小结

对求发泄和求尊重的客户, 客服以满负荷的情感付出的支持能力去面对, 多用道歉, 善用夸赞, 一般情况下, 此类问题不难解决。而对求补偿的客户, 配合使用封闭问题和开放问题提供纠纷解决方案时, 注意应尊重客户的选择权, 客服只能提供参考方案, 但最终决定权在客户手中。

活动3　制作归档表格

活动背景

总结反思是促使人成长的有效途径, 作为客服, 小马意识到想要处理好纠纷问题, 面对纠纷案例需要多思考和总结, 积累经验, 这样有助于以后店铺新加入客服的快速融入与成长。

活动实施

根据前面的活动, 小马制作了如例5.3.6所示的表格对纠纷进行归档, 以方便新客服的快速处理。

填写具体纠纷原因, 再按以下5种纠纷类型进行分类: 一是产品使用问题; 二是客服问题; 三是物流问题; 四是产品质量问题; 五是其他问题。

［例5.3.6］　纠纷案例, 见表5.3.2。

表5.3.2　纠纷案例

纠纷原因	纠纷类型	启示（经验）	通用经验
对产品不熟悉	产品使用问题	1.知产品、耐心倾听、情绪管理; 2.可通过短信提示等方式温馨告知客户重点信息	售后客服展示出负责的店铺形象,耐心倾听,尊重客户解决实际问题
客服态度不好	客服问题	明确客服素养和岗位素质要求, 提高客服待遇并实行考核与淘汰制	
错发、漏发、迟发、态度不好	物流问题	选择高素质的第三方物流	
质量差, 与描述不符	产品质量问题	选择高质量的产品, 提高产品与描述的吻合度	
赠品发完了	其他问题	及时提示各种突发情况	

实　训

任选一家熟悉的店铺, 为其制作纠纷归类表格。

活动小结

将常见纠纷进行归类, 形成企业的管理文件, 可促使后来的客服快速成长, 掌握产品质量、物流、客服等各种原因引起的纠纷处理方法。

合作实训

6人一小组, 完成表5.3.3中纠纷案例查找、纠纷分类、客户心理挖掘, 从案例中你得到什么启示? 一般纠纷可用的通用经验有哪些?

表5.3.3　不同类型的纠纷案例

纠纷案例	纠纷类型	客户心理	案例启示	通用经验
	产品质量引起的			
	客服引起的			
	物流引起的			
	其他			

项目检测

1.判断题

(1)对给中差评的客户, 我们应当以"客虐我千百遍, 我待客如初恋"的态度去面对和处理。　　　　　　　　　　　　　　　　　　　　　　　　　　　　　　　　　(　　)

(2)"先处理心情, 再处理事情"是纠纷处理的基本原则。　　　　　　　　(　　)

(3)应对售后纠纷, 我们也没有办法, 只能亡羊补牢, 做不到未雨绸缪。　(　　)

(4)中差评处理是售后客服的事情, 跟售前客服没有关系。　　　　　　　(　　)

(5)纠纷解决方案的提出以客户满意为最终目的, 以店铺利益最大化为首要原则。　(　　)

2.简述题

(1)简单描述中差评解释的写作思路。

(2)什么是同理心?

(3)什么是满负荷的情感付出的支持能力?

3.趣味挑战

买家: 奶粉昨天已经收到了, 郁闷的是奶粉罐凹了一个坑!

客服1: 哪里有可能? 我们发货时都检查过。

客服2: 实在不好意思, 可能是路上被摔了。我马上给您再发一罐过去, 您把原来那罐发回来, 邮费我们付。

他们做得对吗? 如果你是客服, 将如何处理, 既能让买家满意, 又能兼顾卖家利益?

项目 5
项目检测答案

项目6
维护客户

▣ 项目综述

马克思主义蕴含着丰富而深刻的人民观。习近平总书记在纪念马克思诞辰200周年大会的重要讲话中指出:"学习马克思,就要学习和实践马克思主义关于坚守人民立场的思想。人民性是马克思主义最鲜明的品格。我们要始终把人民立场作为根本立场,把为人民谋幸福作为根本使命,坚持全心全意为人民服务的根本宗旨。"

世界著名管理学家迈克尔·哈默说:"所谓新经济,就是客户经济!"当今服务经济时代,企业市场竞争制胜的关键就是不断挖掘并提升客户价值,不断提高客户服务水平,不断增进客户满意度。

我校电子商务专业学生陈欣同学目前在某国内女装服饰品牌公司实习,主要负责协助日常客户服务和线上线下销售工作。该品牌创立于2016年,其产品多使用天然材质,擅长使用全棉、真丝、苎麻等天然面料,产品工艺涵盖钩花、重绣、缎带绣等手工工艺,产品的受众群体大多为喜爱民族风的中青年女性。

2021年1—10月,我国服装行业规模以上企业有12 591家,累计营业收入11 825亿元,同比增长8.3%;利润总额534亿元,同比增长4.6%。

借着"国潮兴起"的东风,本店的成交量在上半年持续稳步上升。但是近两个月有滑坡现象,发现新客户不愿进店,老客户也降低了购买频率。店长认为,本店对客户维护方面做得不足并安排员工陈组长带领陈欣,从客户维护这方面入手,逐步建立完善的客户数据库,对客户数据进行分析,并设计客户关怀方案,提高客户忠诚度,从而提高业绩。

▣ 项目目标

通过本项目的学习,应达到的具体目标如下:

知识目标
◇理解客户维护的重要性和意义;
◇了解客户维护的基本步骤;
◇学习客户维护的基本方法。

技能目标
◇能够熟练掌握客户资料收集的方法;
◇能够灵活运用客户关系的维护技巧;
◇能够熟练掌握客户分析方法;
◇能够根据客户需求定制维护方案。

素质目标

◇培养客户服务和客户分析意识；
◇培养诚信经营的服务意识；
◇提升团队协作能力。

☐ **项目思维导图**

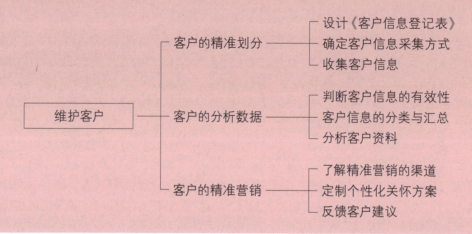

任务1

客户的精准划分

情境设计

时至冬季，该服装品牌准备推出本年度的最后一波季度新品。为保障新品的销售，对客户的维护迫在眉睫。

周一早上，陈组长就带着陈欣一起对客户进行精准分组，使用个性化标签对客户进行标记。陈组长首先给了陈欣一个艰巨的任务，让陈欣设计《客户信息登记表》，用于建立客户档案，建立客户档案数据库。

陈欣是电子商务专业的学生，在学校学过一些客户维护方面的知识，但缺乏实战经验，面对这个任务，竟有些措手不及。经过向陈组长请教后，陈欣终于有点头绪，开始了客户维护之旅。

任务分解

　　这次任务的实施，陈欣首先应该明确建立客户档案应该搜集的信息维度与属性，设计客户档案登记信息表；然后对新客户进行信息收集，对老客户资料数据进行完善。陈欣很虚心地向李组长请教了一些建立客户档案的经验，为建立客户档案做准备。另外，陈欣边工作、边学习，还不时向陈组长讨教一些处理方法。

　　本任务可分解为明确搜集的信息维度与属性、设计客户信息登记表、收集客户信息3个活动。

任务实施

活动1　设计《客户信息登记表》

活动背景

1.确认需要搜集的信息属性

　　对于任何经销商来说，越多的客户资源对经营、对发展会有更大的好处。没有了客户，就没有发展。因此，每个经商者都要善于通过各种方式收集客户信息。但往往存在搜集的信息与目标信息不匹配的问题，于是在搜集客户信息前，我们应该了解信息搜集的维度与属性。

　　通过参考网络上的客户信息搜集表，陈欣总结得出一般客户信息搜集表所包含的属性，这些属性又大致分为基本数据、消费数据、行为数据、营销数据等，见表6.1.1。

表6.1.1　客户信息属性

基本数据	消费数据	行为数据	营销数据
姓名	客单价	退款率	聚划算参与度
性别	累计购买金额	好评率	免邮次数
职业	货单价	最后登录时间	优惠券使用概率
地区	购买商品数量	店铺签到次数	彩票使用概率
生日	时段内购买金额	兑换积分情况	店铺会员优惠次数
联系方式	最后购买时间	收藏店铺情况	订单改价次数
会员等级	购买商品	静默下单次数	礼品赠送情况

2.根据客户身份选择相关属性

　　陈组长给陈欣发了旧版的《客户信息登记表》，表6.1.2是该登记表中的属性。但该登记表与店铺客户实际情况不符，亟需修改。

表6.1.2　新老客户旧版信息属性

新客户	填写日期、登记人、客户姓名、性别、年龄、联系电话、微信、身份证、出生年月日、家庭地址、邮编、购买商品系列（名称）、数量、颜色、尺码、客单价、服务评分、建议
老客户	姓名、性别、出生年月日、籍贯、民族、手机号码、出生地、学历、专业、毕业院校、毕业时间、工作单位、职位、爱好、E-mail、信仰、喜欢的颜色、喜欢的书籍、崇敬的名人、家庭地址、家庭电话、最讨厌的事情、月收入情况、月购买运动产品的频率、到本店次数、购买次数、家庭成员情况、引进新用户情况、第（　　　）次购买本店产品、购买日期、购买产品名称、购买产品数量、购买产品单价、购买产品颜色、购买产品尺码、对本店服务的评价（满意、不满意、建议）

实　训

结合服饰行业的实际情况，针对新老客户分别确定需要搜集的客户信息属性，并记录下来。

　　客户信息登记表是一种很重要的工具，它可以区分新客户和老客户，可以帮助识别是潜在客户还是现有客户，可从客户登记表中了解客户的满意度、忠诚度及消费意向等，便于日后的客户关系维护，并有针对性地制订销售政策和计划。

活动小结

　　陈欣通过多方对比，多方学习，多次请教，根据前辈们的建议，数十次地修改表格，陈欣终于将新老客户登记表制作出来了。经过这次制作表格，陈欣终于知道，即使再小的一件事，要做好也是不容易的，因此也激发了她更加努力的决心。

活动2　确定客户信息采集方式

活动背景

　　陈欣虽然已经制作出了电子版的客户信息登记表，但是，在客户信息收集方面又面临着很多麻烦。因为，自开业到现在，已有的客户信息十分不全面，她也不知道如何更好地了解客户的信息和动态，在信息收集方面，给了她很大的挑战。

活动实施

（1）在百度上输入"收集客户信息的方法"字样，会弹出很多关于客户信息收集的方法供我们学习，如图6.1.1所示。

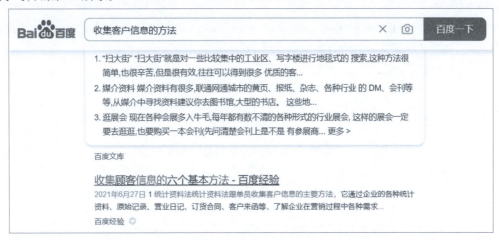

图6.1.1　收集客户信息的方法

（2）通过网络资源和图书资源查找，学习并总结出较常用的几种收集客户信息的方法，如图6.1.2所示。

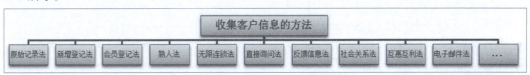

图6.1.2　收集客户信息的方法

（3）在"互联网+"的时代背景下，网店除了可以使用后台采集成交客户信息外，还可以使用网络问卷的形式获取客户信息。打开网络问卷平台——问卷星，会发现有各种各样的问卷模板可以参考，如图6.1.3所示。

图6.1.3　问卷星平台

实 训

根据所学知识,使用问卷星平台设计一份问卷。

活动小结

通过网上资料和图书资料的学习,陈欣终于知道可以通过哪些方法收集信息,让自己有了一定的思路,知道选择哪些方法来收集信息更好、更快和更有效。

活动3 收集客户信息

活动背景

陈欣知道,任务开始进入实施阶段。现在店里急需一份客户资料汇总,以便更好地分析客户信息和客户消费心理,制订有针对性的销售策略。经过学习,陈欣决定充分利用各种收集客户信息的方法和手段,更快地收集到老客户的信息和登记新客户的信息。于是,陈欣开始忙碌起来。

活动实施

如果要整理客户信息,首先要从已有的信息着手,先将现成的资料汇总、排序、完善、分析等;然后通过各种手段,收集更多新客户和潜在客户的资料,这样就可以更好地挖掘新客户。

1.内部客户信息

从企业内部千牛后台、CRM管理软件中根据需要的属性提取会员信息,如图6.1.4所示。

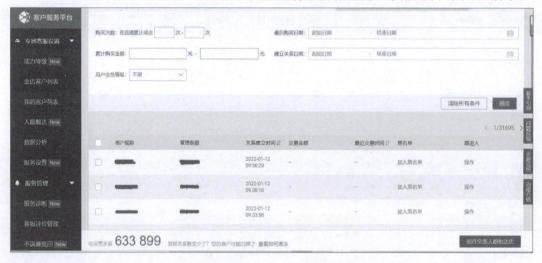

图6.1.4 千牛后台——客户服务平台页面

2.外部客户信息

通过各种网络沟通渠道获取客户信息,应尽可能地获取更多的客户信息,如通过短信询问方式、电子邮件方式、微信方式等,如图6.1.5所示。

图6.1.5　网络沟通渠道获取客户信息

3.线下获取客户信息

在调查中获取客户信息,可通过面谈、调查问卷、电话访问等途径获取客户资料信息。优秀的营销人员,往往善于收集、整理、保存和利用各种有效的客户信息,如拜访客户时,除了日常信息收集外,还会思考这个客户与其他客户有什么相同和不同之处,并对重点客户做长期信息跟踪。

合作实训

以小组为单位(2~4人一组),根据自己的兴趣选取一种产品(如洗发水、化妆品等),针对班上的所有同学展开客户信息收集。

实训内容

1.根据自己选择的产品,设计一份有针对性的客户信息登记表。
2.使用问卷星制作并回收客户信息登记表。
3.筛选有效的客户信息登记表。

活动小结

经过这一环节,让学生学会制作客户信息登记表,并通过制作、发布、回收、筛选,使同学们掌握客户信息收集整理的基本方法和步骤。

任务2
客户的分析数据

情景设计

经过采集,陈欣已经收集了不少新老客户的信息,但是面对这些数据,她却无从下手。于是她向陈组长请教,应该如何处理这些珍贵的客户信息才能辅助店铺更好地打开销路呢?正值店铺活动期,陈欣需要在短时间内将客户信息整理好,并对客户资料进行分析,以便更好地对客户进行关系维护和发展。

任务分解

本任务需要熟练掌握客户信息的分析流程,因此,本任务可分解为判断客户信息的有效性、客户信息的分类与汇总、分析客户资料3个活动。

任务实施

活动1 判断客户信息的有效性

活动背景

平时,部门会通过各种途径收集到很多客户的登记信息,但毕竟客户登记表里有一些是涉及个人隐私的,如电话号码、身份证号码等。因为,很多客户在填写客户登记表时,会故意不填写真实信息,所以在录入客户信息时,第一步就是要判断客户信息登记表是否有效,这样才能更好地提高统计客户信息的效率和效果。

活动实施

拿到所收集到的客户信息数据后,首先判断客户信息是否真实有效,是否齐全。客户信息有效的必要因素(图6.2.1):一是姓、名或姓名,至少有其一,则有效;否则,无效。二是有效的手机号码、QQ、邮箱等,至少有其一,则有效;否则,无效。

序号	提交答卷时间	所用时间	来源	来源详情	来自IP	你的姓名	性别	年龄	联系电话	地址	邮编
1	2021/11/5 16:05:36	60秒	链接	直接访问	58.2...		男	34		广东省广州市海珠区	000000
2	2021/11/5 16:08:21	146秒	微信	N/A			男	24		广东省广州市海珠区	510090
3	2021/11/5 16:14:55	602秒	链接	直接访问	(广州)		女	30		广东省广州市海珠区	510090
4	2021/11/5 16:23:42	439秒	链接	直接访问			男	19		广东省广州市海珠区	510090
5	2021/11/5 16:27:45	68秒	微信	N/A			女	25		广东省广州市海珠区	510090

图6.2.1 问卷星导出的客户信息表

合作实训

两人一组,根据收集的属性轮流说出可能无效的内容。

活动小结

经过对客户资料的审核学习,陈欣基本上掌握了如何区分客户资料的有效性,为今后的客户补充、维护、完善等工作打下了基础。

活动2 客户信息的分类与汇总

活动背景

根据客户提供的信息,可以将客户进行分组,以方便后续进行个性化的服务。同时基于客户的属性特征进行的有效性识别与差异化区分,零散客户信息也越来越多,为了更好地统计和分析客户信息,制作客户信息汇总表并录入客户信息是十分必要的,信息汇总表方便携带,也方便传输、查询、分类、分析、登记和补登客户信息,方便客户管理等。

活动实施

经过辨别和筛选, 整理出有效的客户信息登记表, 接下来就建立客户信息汇总表, 并将所有有效客户信息录入汇总表。

（1）建立客户资料文件夹, 如图6.2.2所示。

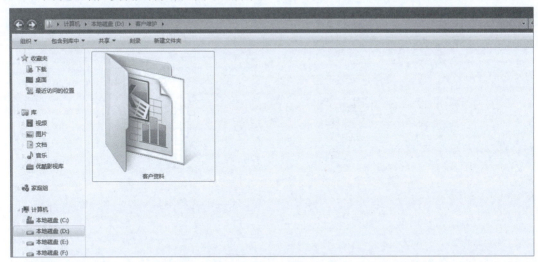

图6.2.2 客户资料文件夹

（2）在客户资料文件夹内建立 "老客户资料" "潜在客户资料" "新客户资料" 文件夹, 以及 "客户资料汇总Excel表", 如图6.2.3所示。

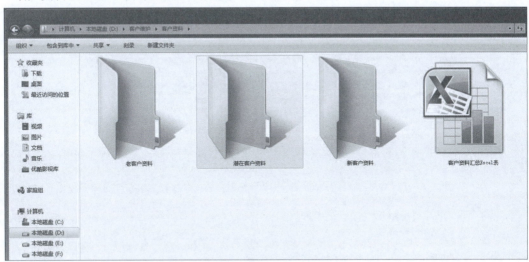

图6.2.3 客户资料文件夹

（3）将收集到的客户信息卡资料放入相应的文件夹, 在每一个文件夹中建立相应的客户档案Excel表, 并将客户信息录入相应的表中, 如图6.2.4和图6.2.5所示。

（4）将所有客户的资料汇总到最终的 "客户资料汇总" 文件中, 如图6.2.6所示。

图6.2.4　客户资料文件

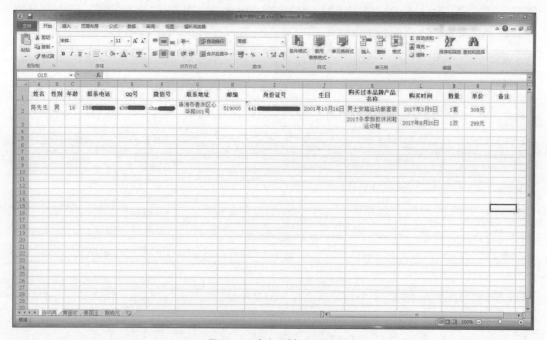

图6.2.5　客户资料汇总表1

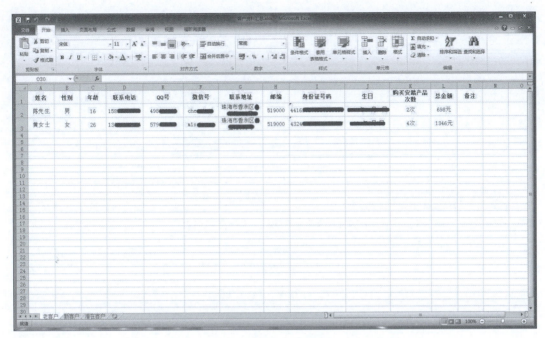

图6.2.6　客户资料汇总表2

合作实训

两人一组,分工合作,利用Excel软件建立客户信息档案汇总表,并在建好的客户信息档案汇总表中一一录入客户信息。

活动小结

经过这一环节,陈欣掌握了如何制作一个相对完整的客户信息统计表,并了解到如何录入客户信息,可以区分哪些信息是必须录入的必要信息,哪些是次要的,从而提高了客户信息的录入汇总效率和效果。

活动3　分析客户资料

活动背景

分析客户资料是企业最重要的决策,做好对客户价值的分析工作可以引导企业进行正确的商务运营。随着市场竞争的加大,企业对客户资源的争夺也会越来越激烈,客户正在逐步发展成为企业重要的资源和财富,因此,在企业经营中应加强对客户价值的分析工作。

活动实施

客户分析是企业挖掘和维护客户的重要途径,因此,要对客户资料进行详细阅读和判断客户购买心理。下面是对已经汇总好的客户进行分类分析。

[例6.3.1]　产品分布分析。

(1)统计客户购买产品分布情况,如表6.2.1和图6.2.7所示。

表6.2.1 某品牌鞋类产品分布比例情况

产品分类	数量/双	百分比/%
篮球鞋	1 689	47.82
跑步鞋	867	24.55
休闲鞋	976	27.63
总计	3 532	100.00

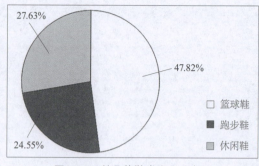

图6.2.7 某品牌鞋类产品分布图

分析: 某品牌鞋类产品分布情况见表6.2.1, 上半年共卖出3 532双, 其中, 篮球鞋1 689双, 占比47.82%; 跑步鞋867双, 占比24.55%; 休闲鞋976双, 占比27.63%。

（2）统计某品牌鞋类颜色分布情况, 如表6.2.2、图6.2.8所示。

表6.2.2 某品牌鞋类颜色分布情况

产品分类	数量/双	黑色	白色	黑白	黑红
篮球鞋	1 689	138	206	538	807
跑步鞋	867	96	116	267	388
休闲鞋	976	72	104	432	368
总计	3 532	306	426	1 237	1 563
占比/%	100.00	8.67	12.06	35.02	44.25

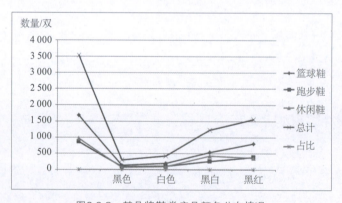

图6.2.8 某品牌鞋类产品颜色分布情况

分析: 某品牌鞋类产品颜色分布情况见表6.2.2, 上半年共卖出3 532双, 其中, 黑色306双, 占比8.67%; 白色426双, 占比12.06%; 黑白1 237双, 占比35.02%, 黑红1 563双, 占比44.25%。

合作实训

两人一组, 分工合作, 利用Excel软件建立客户信息档案汇总表, 并在建好的客户信息档案汇总表中一一录入客户信息。根据客户信息进行人物画像图表的制作。

活动小结

　　经过这一环节，陈欣掌握了如何制作一个相对完整的客户信息统计表，并了解到如何录入客户信息，可以区分哪些信息是必须录入的必要信息，哪些是次要的，从而提高了客户信息的录入汇总效率和效果。

》》》》》 任务3
客户的精准营销

情景设计

　　　　传统的客户已经落伍，当今信息化发展已经势不可挡，谁能跟上信息时代的尾巴，谁就更有可能在这个时代成功，谁就更有把握成为这个社会的领军人物。因此，本店要求客服人员也要尽快设计出信息化精准营销方案，为提高客户忠诚度奠定基础，为更好地实现消费转化做准备。

任务分解

　　本任务要求熟练掌握客户营销方案的设计流程，把握客户心理，结合本店新推产品，设计精准营销方案，以便更好地维护客户，提高客户忠诚度。本任务可分解为3个活动：了解精准营销的渠道、定制个性化关怀方案、反馈客户建议。

任务实施

活动1　了解精准营销的渠道

活动背景

　　根据整理好的客户信息汇总表，陈欣发现在与客户沟通前，应该先了解沟通的渠道，再根据客户的类型进行精准营销。现公司准备推出本季度的新品国风连衣裙，需要陈欣对新老客户进行新品介绍和活动推送。

活动实施

　　接到任务，陈欣马上请教陈组长店铺日常与客户沟通的方式，并做了汇总，见表6.3.1。

表6.3.1　精准营销的渠道

序号	营销渠道分类	例子
1	千牛在线关怀	订单关怀、优惠券派发、活动推送
2	社群营销	微信、QQ 等社交软件优惠推送
3	短信、EDM 邮件、外呼	手机短信、邮件的发送

合作实训

以小组为单位,分析各营销渠道的优缺点。

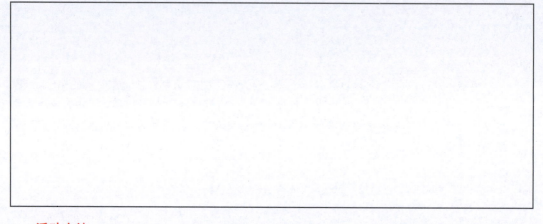

活动小结

经过对关怀渠道的了解,陈欣明白了客户一对一关怀的关键性,是我们能否长期和客户保持良好关系的一个关键点。

活动2　定制个性化关怀方案

活动背景

陈欣发现现有客户中老客户居多,客户量不算多,客户忠诚度也比较难把握,因此,部门经理要求陈欣设计出一套一对一客户关怀活动,巩固客户,挖掘潜在客户,提高客户消费转化率。

图6.3.1　下单核对收货地址提醒

活动实施

(1)千牛作为天猫商家常用的接待工具,在里面提供对客户的关怀是最直接的营销方式。

一般的订单关怀包括下单关怀、评价关怀、退款关怀、回款提醒。而在新品发布前或者活动期间,都会给客户发送相关的提醒。如图6.3.1所示为下单核对收货地址提醒。

实训1

请草拟一条客户下单后申请退款的订单关怀话术。

（2）优惠活动提醒也是客户关怀的一种方式，例如可以借助节日进行信息推送。

客服：人生，总有许多坎坷和惊喜，不管怎样，都应从容面对。但是，会员朋友们，本店"双十二"活动，现金满100元返88元礼券，购买满300元可参加抽奖活动，百分百中奖，您不该从容了，崛起吧，朋友们，只要您敢来，我们就敢送！！！

［例6.3.3］　电话关怀通过电话回访客户，与客户深入沟通，倾听客户的意见，随时关注客户的新需求，挖掘客户更深层次的需求，为客户提供更多的新功能或服务，保持长期友好、激励的氛围。

邮件关怀定期通过邮箱发送祝福短信。

社群关怀特定时期为客户推送关怀和祝福信息。

实训2

为本店的"国潮新品"特卖活动设计一则营销话术。

活动小结

经过一对一的关怀方案策划，陈欣明白了客户一对一关怀的关键性，是我们能否长期和客户保持良好关系的一个关键点。

活动3　反馈客户建议

活动背景

在对客户进行营销活动时，我们需要对客户的反馈进行记录，并整理反馈上级，同时通过实时对营销活动的监控，调整营销策略，以达到更好的营销效果。

活动实施

陈欣为了更好地记录客户的反馈和监测营销效果，设计了两个简单的表格，见表6.3.2和表6.3.3。

表6.3.2 客户营销反馈登记表

客户 ID	反馈的问题	解决方法	是否解决

表6.3.3 关怀营销活动跟踪表

关怀营销活动名称	客户人数	负责人	营销效果	登记日期

合作实训

以小组为单位,在班级范围内设计一次针对民族风服饰的调查并对搜集到的信息进行登记。

活动小结

经过活动方案设置,陈欣已经基本掌握了企业举行客户体验活动与学校活动的区别,并很好地掌握了举行活动的细节和要点,对以后的职业生涯有很大的帮助。

项目检测

1.单项选择题

(1)下列哪些选项是一个有效客户资料登记表必须具备的?(　　　)

　　A.姓名　　　　　　　B.性别　　　　　　　C.联系电话　　　　　　D.家庭地址

(2)客户关系管理的内容包括(　　　)。

　　A.寻找客户　　　　　　　　　　　B.识别客户

　　C.建立客户关系和维护客户关系　　　D.后期处理

(3)建立客户关系是指将目标客户中的(　　　)开发为现实客户。

　　A.全部客户　　　　B.高端客户　　　　C.潜在客户　　　　D.贵宾客户

(4)维护客户关系是指对客户信息的掌握,对客户的分级,与客户进行互动与沟通,对客户进行满意度分析,并想办法实现(　　　)。

　　A.客户的效益　　　B.客户的投资　　　C.客户的忠诚　　　D.银行与客户的双赢

（5）客户流失管理就是在客户关系破裂的情况下，如何（　　　），如何挽回已流失的客户。

    A.发现客户　　　　　B.识别客户　　　　　C.恢复客户关系　　　　D.寻找新的客户

（6）实施客户关系管理包括建立客户关系、维护客户关系、（　　　）。

    A.发展客户关系　　　B.提升客户关系　　　C.提升客户价值　　　D.提升银行价值

（7）根据客户性格、喜好并征求客户意见，确定免打扰的客户联系方式为（　　　）。

    A.拨打电话　　　　　　　　　　　　B.面访

    C.联欢会　　　　　　　　　　　　　D.寄送专刊和产品说明书

（8）根据客户性格、喜好并征求客户意见，确定保持适度距离、频度的客户联系方式为（　　　）。

    A.偶尔短信　　　　　B.电子邮件　　　　　C.祝福卡片　　　　　D.邀约为主，拜访为辅

（9）个人客户经理与理财顾问要加强客户维护，与客户建立（　　　）关系，努力实现客户价值提升。

    A.友好、信赖　　　　B.合作共赢　　　　　C.互助互利　　　　　D.和平共处

（10）与客户保持长期联络的方式有赠送专刊、到期提醒、节日祝福、（　　　）。

    A.礼金贿赂　　　　　B.每日电话　　　　　C.情感陪护　　　　　D.客户活动

2.判断题

（1）客户关系管理包括客户关系管理体系、维护客户关系和客户期望值提高。　　　（　　）

（2）客户关系管理的主要内容有建立客户关系、维护客户关系、组织客户关系。　　（　　）

（3）客户流失管理就是在客户关系破裂的情况下如何寻找新的客户。　　　　　　　（　　）

（4）建立客户关系是指将目标客户和潜在客户开发为现实客户。　　　　　　　　　（　　）

（5）维护客户关系是指对客户信息的掌握，对客户的分级，与客户进行互动与沟通，对客户进行满意度分析，并想办法实现客户的忠诚。　　　　　　　　　　　　　　　（　　）

（6）梳理筛选现有客户、现场识别客户、面对面营销客户是建立客户关系的方法。（　　）

（7）客户的基本资料包括工作单位、家庭情况、生日、亲属关系。　　　　　　　　（　　）

（8）与客户保持长期联络的方式有赠送专刊、到期提醒、节日祝福、客户活动。　　（　　）

（9）客户经理要特别注意对不太熟悉的客户信息的挖掘，做好情感维护，而不只是集中在个别熟悉的客户身上。　　　　　　　　　　　　　　　　　　　　　　　　　　（　　）

（10）对比较重要或者突发的客户账户变动，应及时电话告知客户，并协助客户及时作出调整。　　　　　　　　　　　　　　　　　　　　　　　　　　　　　　　　　　　（　　）

3.简述题

（1）简述客户分析方法。

（2）简述客户信息收集方法。

4.实操训练题

要求：①以2~3名同学为一组，每组选定一个行业、企业、产品或一项服务，小组成员分工合作，设置符合自己选定目标的客户登记表格，并在校内外开展调研或统计，收集不少于25份有效的客户信息；②辨别客户信息登记表的有效性，并用Excel表统计客户信息；③通过汇总和分析客户信息，设计一套客户回访方案；④根据实际，设计一个条理清晰、可实施性强的户外活动方案。

项目 6
项目检测答案

参考文献 ▮▮▮▮

[1] 邬金涛, 严鸣.客户关系管理 [M].北京: 中国人民大学出版社, 2014.

[2] 周洁如.客户关系管理经典案例及精解 [M].上海: 上海交通大学出版社, 2011.

[3] 徐伟.客户关系管理理论与实务 [M].北京: 北京大学出版社, 2014.

[4] 丁建石, 钮进生.客户关系管理 [M].北京: 中国人民大学出版社, 2015.

[5] 淘宝大学.网店客服 [M].北京: 电子工业出版社, 2011.

[6] 施志君.网店客服技能与技巧 [M].广州: 世界图书出版公司广东有限公司, 2012.

[7] 张元生.电子商务客户服务 [M].北京: 外语教学与研究出版社, 2015.

[8] 许宝良.客户服务 [M].北京: 高等教育出版社, 2012.

[9] 廖文硕.网络客户服务实务 [M].重庆: 重庆大学出版社, 2016.